© 2014 moses. Verlag GmbH

moses. Verlag GmbH
Arnoldstraße 13d
47906 Kempen
Fon 0 21 52 - 20 98 50
Fax 0 21 52 - 20 98 60
Mail info@moses-verlag.de
www.moses-verlag.de

ISBN 978-3-89777-771-2

Text: Bärbel Oftring
Illustrationen: Arno Kolb
Fotos: Fotolia
Layout, Typographie und Satz: Melanie Dahmen
Redaktion: Karina Franzke, Daniela Schönkes-Pasch
Herstellung: Linda Dörk

Printed in Latvia

EXPEDITION NATUR

Das Becherlupen-Buch

Tiere und Pflanzen erforschen

Bärbel Oftring

Mit Illustrationen von Arno Kolb

moses.

Das bin ich!

Mein Name: _____

Meine Adresse: _____

Mein Geburtstag: _____

Meine Haarfarbe: _____

Meine Augenfarbe: _____

Mein Lieblingstier: _____

Meine Lieblingspflanze: _____

Mein Traumberuf: _____

Das möchte ich am liebsten erforschen: _____

Mein Fingerabdruck:

Foto

Inhalt

Auf Abenteuertour mit der Becherlupe

Abenteuerliche Expeditionen warten auf dich! Und zwar direkt vor deiner Haustür. Um die atemberaubend schöne, spannende, manchmal auch gruselige Welt der Minimonster zu entdecken, brauchst du nur deine Becherlupe und jede Menge Neugierde.

Bevor's losgeht, musst du aber noch erfahren, wie du am besten mit deiner Becherlupe umgehst und natürlich auch mit den kleinen Krabbeltieren, die euer gemeinsames Abenteuer natürlich wohlbehalten überleben wollen.

So funktioniert die Becherlupe

Das Minimonster oder Objekt, das du beobachten möchtest, legst du ganz vorsichtig in den Kunststoffbecher hinein. Dann verschließt du den Deckel.

Am Boden der Lupendose befindet sich ein 5-Millimeter-Raster, mit dem du die Größenverhältnisse des Tieres besser abschätzen kannst.

Der Deckel besteht aus zwei Kunststofflupen, die jeweils zweifach vergrößern. Wenn du die kleine Lupe wegklappst und ein Objekt nur durch die große Kunststofflupe betrachtest, ist es doppelt so groß wie in Wirklichkeit. Schaust du dir das Objekt aber durch beide Lupen an, so ist es viermal so groß!

Tipp: Wenn du Kaulquappen oder andere Wassertiere anschauen möchtest, füllst du die Lupendose mit Wasser. Bei Landtieren kannst du auch Erde oder Blätter in den Becher geben.

Gehe sorgfältig mit deiner Becherlupe um. Achte darauf, dass weder die Lupen noch der Boden der Lupendose verkratzt werden. Dann warten noch viele Entdeckungsabenteuer auf dich!

So gehst du mit Tieren um

Setze nur Tiere in die Lupendose hinein, die dort auch bequem hineinpassen. Libellen, Schmetterlinge und andere große Krabbeltiere gehören nicht in deine Becherlupe!

Behandle die Tiere mit Achtung! Verletze sie nicht und setze sie nach wenigen Minuten unversehrt an derselben Stelle wieder ins Freie, an der du sie vorsichtig eingefangen hast.

Stelle die Becherlupe mit lebenden Tieren auch niemals in die Sonne, sondern beobachte Tiere nur im Schatten.

So fängst du kleine Tiere

Stülpe die Lupendose über das kleine Krabbeltier. Dann schiebst du vorsichtig ein Blatt festeres Papier zwischen Untergrund und Lupendose, bis die Öffnung mit dem Papier verschlossen ist. Nun drehst du die Lupendose herum und hältst dabei die Öffnung mit dem Papier verschlossen. Das Insekt rutscht auf den Boden. Papier weg, rasch Deckel drauf – schon hast du das Krabbeltier gefangen, ohne es zu verletzen. Sogar Bienen und Wespen kannst du auf diese Weise fangen.

Vorsicht! Manche Tiere können auch beißen oder stechen!

Nun geht's los

Dieses Buch lädt dich zu 55 und mehr Beobachtungsabenteuern ein, bei denen du Minimonster und andere Miniobjekte aus der Natur unter die Lupe nimmst. Dabei lernst du jede Menge Interessantes über die Wesen in deiner Becherlupe.

Tiere

INSEKT!

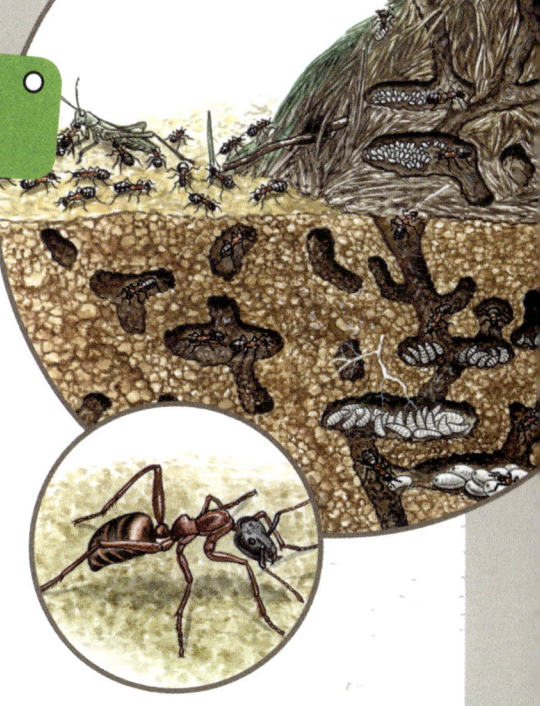

Ameisen leben überall bei uns. Du findest ihre Nester in Gärten, Parks und Wäldern, auf Wiesen und Feldern. Bei uns gibt es über 100 verschiedene Ameisenarten, die bis zu 1 cm lang werden.

Ameisen bilden große Tierstaaten, in denen nur die Königinnen Eier legen. Die Arbeiterinnen versorgen die Brut, gehen auf Nahrungssuche, bauen das Nest und verteidigen den Staat. In der Regel sind die Ameisen, die du draußen findest, Arbeiterinnen. Königinnen bleiben ihr Leben lang im Ameisennest. Nur zu Beginn ihres Lebens verlassen sie es als junge Königinnen an einem warmen Sommertag. Dann besitzen sie noch Flügel und starten mit den geflügelten Männchen zum Hochzeitsflug. Nach diesem Flug sterben die Männchen, während die begatteten Königinnen ihre Flügel abwerfen und zum Eierlegen für immer im Nest bleiben.

Diese Ameisenarten habe ich schon in der Becherlupe beobachtet:

_____

Diese Ameisenarten will ich noch beobachten:

_____

Das kannst du beobachten:

- ✗ dreigeteilter Körper mit Kopf, Brust und Hinterleib
- ✗ sechs Beine sitzen an der Brust
- ✗ Kopf mit Augen, Fühlern und kräftigen Mundwerkzeugen
- ✗ Betrachte auch eine geflügelte Ameise!

Forschungsaufgabe ①

Gib eine tote Raupe zu der Ameise in die Lupendose. Beobachte, wie sich die Ameise verhält.

Assel

Asseln haben einen flachen, stark gegliederten Körperpanzer. An den sieben Laufbeinpaaren erkennst du, dass Asseln keine Insekten sind. Sie sind Krebstiere. Bei uns kommen etwa 50 verschiedene Arten vor, von denen die meisten im Wasser leben. Die Meer- und Bohrasseln leben im Wasser der Meeresküste, die Wasserasseln bewohnen Bäche, Flüsse, Teiche und Seen.

An feuchten, dunklen Orten wie etwa im Keller, im Komposthaufen, unter Steinen oder im Falllaub der Wälder halten sich die bis zu 2 cm langen Landasseln auf. Tatsächlich haben einige Asselarten wie die Kellerassel, die Mauerassel oder die Rollassel das Wasser verlassen und leben dauerhaft an Land. Sie besitzen lungenähnliche Hohlräume an den ersten beiden Laufbeinpaaren, mit deren Hilfe sie atmen. Die Landasseln ernähren sich von abgestorbenen, verrotteten Pflanzenteilchen.

KREBSTIER!

Das kannst du beobachten:

- ✗ stark gegliederter Körperpanzer mit sieben großen Segmenten
- ✗ 14 Laufbeine
- ✗ kleiner Kopf mit winzigen Augen und langen gegliederten Fühlern
- ✗ lange Uropoden am Hinterleibsende

Forschungsaufgabe ②

Betrachte die Assel auch von unten. Du erkennst, dass der Körperpanzer seitlich weit über den Körper hinausragt und ein schützendes „Gehäuse" bildet.

Feuerwanze

Die rot-schwarze Feuerwanze ist eine von etwa 1000 Wanzenarten, die es bei uns gibt. Die 1-1,2 cm langen Wanzen kannst du besonders häufig in Parks, auf alten Friedhöfen und in Gärten beobachten. Sie leben in großen Kolonien und verbringen den Winter gemeinsam in frostsicheren Verstecken. Schon an warmen Februartagen sitzen die auffälligen Feuerwanzen an den Stammfüßen von alten Bäumen (oft Linden!) oder auf warmen Hauswänden.

Die Larven erkennst du daran, dass sie kleiner sind und keine Flügel besitzen. Darum siehst du bei den Larven den geringelten Hinterleib.

Feuerwanzen ernähren sich von Pflanzensamen, die sie mit ihrem langen Saugrüssel aussaugen. Dieser Rüssel kann weder eingefahren noch eingerollt werden; wenn die Wanzen ihn nicht benötigen, legen sie ihn dicht an den Bauch.

INSEKT!

Forschungsaufgabe ③

Beobachte im Lauf des Sommers, wie sich die zunächst kleinen rot-schwarzen Larven zu erwachsenen Wanzen entwickeln. Schau dir dazu jede Woche eine Larve in der Becherlupe an und zeichne sie. Zeichne auch eine erwachsene Wanze.

Das kannst du beobachten:

✗ dreigeteilter Körper mit Kopf, Brust und Hinterleib

✗ Flügel mit je zwei schwarzen Punkten, decken den Hinterleib teilweise ab

✗ sechs Beine sitzen an der Brust

✗ Kopf mit Augen, Fühlern und Saugrüssel

9

Florfliege

Wenn du im Winter im Zimmer ein schlankes, bis zu 1,5 cm langes Insekt mit durchsichtigen Flügeln entdeckst, so hast du eine Florfliege gefunden. Diese Insekten überwintern gern in warmen Räumen. Sie sind völlig harmlos und können weder beißen noch stechen.

Im Frühling verfärben sich die Tiere von braun zu grün und verlassen das Haus. Sie suchen Blattlauskolonien auf, in die sie ihre Eier legen. Die stecknadelkopfgroßen Eier stehen an langen Stielen und sehen wie kleine Luftballons aus.

Aus den Eiern schlüpfen bräunliche Larven, die kleine Raubtiere sind – nicht für uns Menschen, aber für die Blattläuse. Sie ergreifen ihre Beute mit den Kiefern, saugen sie aus und befördern dann die leer gesaugten Körperhüllen der Läuse auf ihren Rücken.

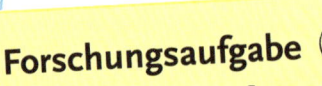

Das kannst du beobachten:

✗ dreigeteilter Körper mit Kopf, Brust und Hinterleib

✗ sehr lange durchsichtige Flügel, die reich geädert sind

✗ sechs Beine sitzen an der Brust

✗ Kopf mit großen leuchtenden Augen und langen Fühlern

Forschungsaufgabe ④

Beobachte eine Florfliegenlarve in der Becherlupe. Erkennst du die kräftigen Kiefern, die gefährlich nach vorne gestreckt sind? Die leeren Blattlaushüllen, die auf den Stacheln am Rücken stecken, tarnen die Larven.

Der weiche Körper einer Schnecke besteht aus dem Fuß und dem Kopf. Auf dem Rücken tragen die Gehäuseschnecken noch ein Schneckenhaus, das aus Kalk besteht. Im Gehäuse liegen alle wichtigen inneren Organe wie Leber, Lunge und Darm. Auf dem Kopf kannst du zwei Paar Fühler entdecken: Die beiden unteren Fühler sind kürzer. Mit ihnen tastet die Schnecke die Umgebung vor ihrem Kopf ab und nimmt etwa Hindernisse oder steinige Untergründe wahr. Die beiden oberen Fühler sind länger. Sie tragen Augen, die du ganz vorne als kleine schwarze Punkte erkennen kannst. Schnecken können mit ihren Augen hell und dunkel voneinander unterscheiden. Sie sehen, ob es Tag oder Nacht ist. Die meisten Schnecken ernähren sich von Blättern, Stängeln, Samen und Früchten. Auch Pilze mögen sie gern.

An trockenen Tagen und über den Winter ziehen sich die Gehäuseschnecken in ihr Gehäuse zurück. In langen Ruhezeiten verschließen manche Schnecken die Öffnung sogar mit einem kalkigen Deckel.

Übrigens: Bei uns gibt es Gehäuseschnecken, die an Land leben (Bänderschnecke, Weinbergschnecke, Schnirkelschnecke) und auch solche, die im Wasser leben (Posthornschnecke, Spitzschlammschnecke).

Diese Gehäuseschnecken habe ich schon in der Becherlupe beobachtet:

_____

Diese Gehäuseschnecken will ich noch beobachten:

_____

Das kannst du beobachten:

- ✗ aufgerolltes Schneckengehäuse
- ✗ weicher Körper aus Fuß und Kopf
- ✗ am Kopf zwei Paar Fühler, das obere ist länger und trägt Augen

Forschungsaufgabe ⑤ ☐

Beobachte, wie sich die Schnecke blitzschnell in ihr Gehäuse zurückzieht, wenn du sie mit dem Finger antippst. Lass sie dann in Ruhe und beobachte, wie sie langsam wieder den Körper aus dem Gehäuse herausstreckt. Zuletzt fährt sie die Fühler aus.

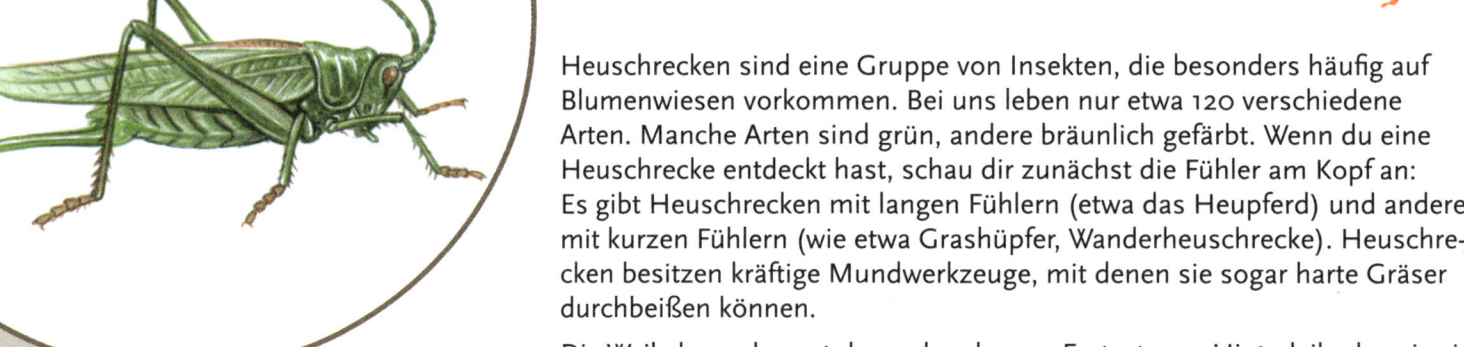

Heuschrecke

Heuschrecken sind eine Gruppe von Insekten, die besonders häufig auf Blumenwiesen vorkommen. Bei uns leben nur etwa 120 verschiedene Arten. Manche Arten sind grün, andere bräunlich gefärbt. Wenn du eine Heuschrecke entdeckt hast, schau dir zunächst die Fühler am Kopf an: Es gibt Heuschrecken mit langen Fühlern (etwa das Heupferd) und andere mit kurzen Fühlern (wie etwa Grashüpfer, Wanderheuschrecke). Heuschrecken besitzen kräftige Mundwerkzeuge, mit denen sie sogar harte Gräser durchbeißen können.

Die Weibchen erkennst du an dem langen Fortsatz am Hinterleib, der wie ein Stachel aussieht. Damit können die Tiere aber nicht stechen. Dieser Fortsatz ist der Legebohrer, mit dem die Weibchen ihre Eier in den Boden legen.

Heuschrecken zirpen, indem sie die Flügel über eine harte Schrillkante aneinander reiben.

Diese Heuschreckenarten habe ich schon in der Becherlupe beobachtet:

_____

Diese Heuschreckenarten will ich noch beobachten:

_____

Das kannst du beobachten:

✗ dreigeteilter Körper mit Kopf, Brust und Hinterleib

✗ sechs Beine sitzen an der Brust

✗ kräftige, sehr lange Hinterbeine

✗ großer Kopf mit Augen, Fühlern und kräftigen Mundwerkzeugen

✗ manche Arten besitzen Flügel und können fliegen

12

Forschungsaufgabe ⑥

Beobachte, wie eine Heuschrecke hüpft. Erkennst du die Flügel?

INSEKT!

Hummeln sind Wildbienen, deren Körper stark behaart ist. Diese Behaarung hält die Tiere schön warm, sodass sie auch schon bei kühleren Temperaturen draußen unterwegs sein können. Wie die Bienen besuchen Hummeln die Blüten, um Nektar und Pollen (Blütenstaub) zu sammeln. Dafür bestäuben sie die Blüten, die dadurch überhaupt erst Samen und Früchte bilden können.

Auch Hummeln leben in einem Staat, den die überwinternden Hummelköniginnen in jedem Frühjahr neu gründen. Wenn dann die ersten Arbeiterinnen geschlüpft sind, verlässt die Königin nicht mehr das Nest. Sie legt nur noch Eier und überlässt alle anderen Arbeiten den Arbeiterinnen. Bei uns gibt es rund 40 verschiedene Hummelarten, wie etwa die Ackerhummel, Erdhummel, Gartenhummel oder Wiesenhummel.

Achtung! Hummelarbeiterinnen können auch stechen!

Diese Hummelarten habe ich schon in der Becherlupe beobachtet:

_____

Diese Hummelarten will ich noch beobachten:

_____

Forschungsaufgabe ⑦

Gib einen Tropfen Zuckerwasser (dazu auf einem Teelöffel Zucker in etwas Wasser auflösen) auf den Boden der Becherlupe. Beobachte, wie die Hummel das süße Wasser mit dem Rüssel aufnimmt.

Das kannst du beobachten:

- ✗ dreigeteilter Körper mit Kopf, Brust und Hinterleib
- ✗ sechs Beine und die Flügel sitzen an der Brust
- ✗ Kopf mit Augen, Fühlern und Mundwerkzeugen
- ✗ kräftige Körperbehaarung
- ✗ gelbe „Pünktchen" in den Haaren sind Pollen
- ✗ an den Hinterbeinen befinden sich „Höschen", in denen der Pollen gesammelt wird

Rüsselkäfer

Laufkäfer

Käfer haben bei uns fast alle Lebensräume erobert: Sie kommen im Wasser, an Land und unter der Erde vor. Käfer findest du im Haus, Garten, Park und Wald vor, auf Wiesen und Feldern, in Teich, See, Bach und Fluss.

Käfer sind die größte Gruppe der Insekten, bei uns leben rund 8000 verschiedene Arten. Dazu gehören Marienkäfer, Weichkäfer, Bockkäfer, Rüsselkäfer, Maikäfer und viele andere. Einen Käfer erkennst du an den harten Flügeldecken, die in Ruhe schützend über den weichen Hinterflügeln liegen.

Viele Käfer ernähren sich von Pflanzenteilen, andere erbeuten kleine Krabbeltiere.

Diese Käferarten habe ich schon in der Becherlupe beobachtet:

_____

Diese Käferarten will ich noch beobachten:

_____

Das kannst du beobachten:

✗ dreigeteilter Körper mit Kopf, Brust und Hinterleib

✗ sechs Beine sitzen an der Brust

✗ Kopf mit Augen, Fühlern und kräftigen Mundwerkzeugen

✗ zwei Paar Flügel: die vorderen sind hart, die hinteren weichhäutig und zum Fliegen geeignet

Forschungsaufgabe ⑧ ☐

Beobachte, wie ein Käfer zum Fliegen startet: Er klapp zuerst die harten Vorderflügel zur Seite, dann entfaltet er die weichhäutigen Hinterflügel. Zum Starten flattert er mit diesen Flügeln.

Maikäfer

14

Die Kinder der Frösche, Kröten und Molche heißen Kaulquappen. Sie schlüpfen aus den Eiern, die die Weibchen dieser Lurche im Frühjahr ins Wasser gelegt haben. Kaulquappen verbringen die ersten Lebensmonate im Wasser. Sie atmen wie Fische durch Kiemen und schwimmen dank ihres langen Schwanzes.

Im Frühsommer verwandeln sich die Kaulquappen noch im Wasser zu Fröschen, Kröten oder Molchen. Wenn bei einer Kaulquappe zuerst die Vorderbeine erscheinen, dann die Hinterbeine, wird daraus ein Molch. Wachsen der Kaulquappe zunächst Hinterbeine, dann erst die Vorderbeine – so wird aus der Kaulquappe ein Frosch oder eine Kröte. Auch innen wird der Kaulquappenkörper umgebaut und zum Beispiel die Kiemen durch Lungen ersetzt, denn die erwachsenen Lurche atmen ja Luft ein. Wenn dieser Umbau im Juli/August beendet ist, verlassen die Minifrösche, Minikröten und Minimolche das Wasser.

Wichtig! Um Kaulquappen zu beobachten, musst du deine Becherlupe mit Wasser füllen. Bleib im Schatten und gib die Kaulquappe nach wenigen Minuten wieder ins Wasser zurück.

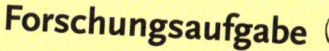

Forschungsaufgabe ⑨ ☐

Leg ein Blatt oder einen Halm einer Wasserpflanze in die Becherlupe zur Kaulquappe. Wenn sie hungrig ist, sammelt sie kleinste Nahrungspartikel von deren Oberflächen ab.

Das kannst du beobachten:

✗ dunkler, rundlicher Körper

✗ bei jungen Kaulquappen seitliche Kiemenbüschel

✗ schlängelnder Schwanz

15

Kreuzspinne

Kreuzspinnen sind bei uns die bekanntesten Spinnen, denn sie bauen ihre kunstvollen Radnetze ins Gebüsch, an Balkon- und Brückengeländer und vor Fensterscheiben. Tagsüber verstecken sich die Spinnen in der Nähe ihres Netzes. Dann sind sie aber stets über einen Spinnfaden mit dem Netz verbunden. Bewegt sich dieser Faden, wissen die Spinnen, dass ihnen eine Beute ins Netz gegangen ist. Dann eilen sie zu der Beute, töten sie mit einem giftigen Biss und umwickeln sie mit Spinnseide.

Nachts verlassen die Kreuzspinnen ihr Versteck und setzen sich in die Mitte des Netzes. Dabei halten sie ihren Kopf nach unten.

Echte Spinnen wie die Kreuzspinnen besitzen am Ende des Hinterleibs mehrere Spinnwarzen, mit denen sie stabile Spinnfäden weben können. Das Spinnennetz besteht aus nicht klebrigen Lauffäden und klebrigen Fangfäden. Die Spinne läuft nur auf den nichtklebrigen Fäden, denn sonst würde sie in ihrem eigenen Netz gefangen werden.

Das kannst du beobachten:

✗ zweigeteilter Körper mit Vorderleib und Hinterleib

✗ acht Beine sitzen am Vorderleib

✗ vorne am Vorderleib sitzt der Kopf mit Augen, Tastern und Giftklauen

✗ helle Kreuzzeichnung auf dem dicken Hinterleib

ECHTE SPINNE!

Forschungsaufgabe ⑩ ☐

Schau dir den Kopf der Kreuzspinne an. Auf ihm kannst du mehrere dunkle Punkte erkennen. Das sind die Augen: Zähle, wie viele Augen die Spinne besitzt.

Die meisten Spinnen besitzen acht Augen.

Marienkäfer

Sieben schwarze Punkte auf den schwarzen Flügeldecken – daran erkennst du den Siebenpunkt-Marienkäfer, der der bekannteste unter den rund 70 verschiedenen heimischen Marienkäferarten ist. Du findest diese hübschen Käfer in jedem Garten. Suche Pflanzen, die von Blattläusen befallen sind – dort entdeckst du nicht nur die Käfer, sondern auch die blaugrauen Larven. Sie sehen ganz anders aus als die Käfer und erinnern an einen „Wurm" mit Beinen.

Die meisten Marienkäfer ernähren sich von Blatt- und anderen Läusen. Die Weibchen legen ihre Eier in die Blattlauskolonien. Dann haben die schlüpfenden Larven gleich etwas zu fressen, denn auch sie erbeuten diese Läuse.

Schau dir unbedingt auch eine Marienkäfer-Larve in der Becherlupe an!

Larve

INSEKT!

Forschungsaufgabe ⑪ ☐

Zähle die Punkte auf dem Körper: Viele Marienkäfer heißen so wie die Anzahl der Punkte.

Das kannst du beobachten:

- ✗ dreigeteilter Körper mit Kopf, Brust und Hinterleib
- ✗ sechs Beine sitzen an der Brust
- ✗ Kopf mit Augen, Fühlern und Mundwerkzeugen

Mistkäfer

Von Frühjahr bis Herbst kannst du die schwarzen Mistkäfer auf den Waldwegen entdecken. Mit ihren feinen Geruchsorganen nehmen sie selbst geringe Duftspuren von Hundekot und anderem Kot wahr. Dann graben das Männchen und das Weibchen in der Nähe des Kothaufens ein tiefes Loch mit Seitengängen in die Erde. Sie füllen die Seitengänge mit Kot und das Weibchen legt je ein Ei darauf. Wenn die Larven dann aus den Eiern schlüpfen, ernähren sie sich von dem Kot. Im kommenden Sommer sind sie dann ausgewachsen und verlassen als fertige Mistkäfer die Erde.

Das kannst du beobachten:

X dreigeteilter Körper mit Kopf, Brust und Hinterleib

X sechs Beine sitzen an der Brust

X verbreiterte Vorderbeine zum Graben

X Kopf mit Augen, Fühlern und Mundwerkzeugen

Forschungsaufgabe (12)

Schau dir den Körper des Mistkäfers genau an. Kannst du darauf kleine orangerote Tierchen erkennen? Das sind Milben. Sie benutzen den Käfer als Taxi und lassen sich von ihm zum nächsten Kothaufen transportieren.

INSEKT!

Die meisten Schmetterlinge sind zu groß für deine Becherlupe.
Aber eine kleine Motte passt in die Lupendose hinein.

Gerade im Haus kannst du immer mal wieder eine Motte entdecken,
denn sie sind recht weit verbreitet: Dörrobstmotten etwa legen ihre Eier
in Paniermehl, Müsli oder Rosinen, von dem sich die Raupen ernähren.
Die Raupen von Kleider- und Pelzmotten hingegen leben an Kleidungs-
stücken, Federn und Polstermöbeln. Wenn solch eine Motte in der Wohnung auftaucht, dann sollten deine Eltern unbedingt die Lebensmittel und
den Kleiderschrank gründlich durchsuchen, um die Raupen zu finden.

Du solltest die Gelegenheit nutzen und dir die Motten, Raupen und auch
Puppen in der Becherlupe anschauen.

Auch Motten sind Schmetterlinge. Ihre Flügel sind von feinen Schuppen
bedeckt. Die Kinder der Schmetterlinge sind Raupen. Bevor sie sich zu
einem Schmetterling verwandeln, legen sie eine Ruhepause ein – das ist
die Puppe.

Diese Mottenarten habe ich schon in der Becherlupe beobachtet:

_____

Diese Mottenarten will ich noch beobachten:

_____

Das kannst du beobachten:

- ✘ dreigeteilter Körper mit Kopf,
  Brust und Hinterleib
- ✘ sechs Beine sitzen an der Brust
- ✘ große Flügel
- ✘ Kopf mit Augen, Fühlern und
  Mundwerkzeugen
- ✘ Schau dir auch die Raupe an!
  Am Kopf erkennst du die
  kräftigen Mundwerkzeuge.

Forschungsaufgabe ⑬ ☐

Was passiert, wenn du die Becherlupe leicht
hin- und herbewegst? Beobachte, wie die Motte
ihre Flügel hält, wenn sie ruht. Beobachte auch,
wie sie ihre Flügel ausbreitet.

Die leeren Schalen der Muscheln gehören zu den häufigsten Fundstücke am Strand, denn die stabilen Kalkgehäuse werden mit jeder Flut an Land gespült. Muscheln leben aber nicht nur im Meer, auch in Flüssen und Seen kommen bei uns rund 40 verschiedene Arten vor. Der weiche Körper der Muschel wird von zwei Schalenhälften geschützt, die mit einem Schloss beweglich miteinander verbunden sind. Muscheln können ihre Schalenklappen dank der kräftigen Schließmuskeln öffnen und fest verschließen. Sie ernähren sich von feinsten Schwebteilchen, die sie aus dem Wasser herausfiltern. Dadurch sorgen Muscheln dafür, dass das Wasser klar wird. Miesmuscheln filtern pro Stunde 5 Liter Wasser, Austern sogar bis zu 25 Liter.

Muscheln können sehr alt werden – bis zu 120 Jahre. An den Zuwachsstreifen erkennst du, dass die Muschel während ihrer Lebenszeit auch gewachsen ist und stets größer wurde.

Du kannst auch eine lebende Muschel, zum Beispiel aus deinem Aquarium, anschauen. Dann musst du aber zuvor deine Becherlupe mit dem Wasser aus dem Aquarium füllen.

Diese Muschelarten habe ich schon in der Becherlupe beobachtet:

_____

Diese Muschelarten will ich noch beobachten:

_____

Das kannst du beobachten:

X Schale außen mit Zuwachsstreifen
X Schale außen mit Rippen und/ oder anderen Strukturen
X Schale innen mit dem Schloss
X Schale innen mit zwei Abdrücken der Schließmuskeln

Forschungsaufgabe ⑭

Schau dir die Innen- und die Außenseite der Muschel in der Becherlupe an. Wenn du sie zeichnest, entdeckst du noch mehr Details, weil du viel genauer hinschaust.

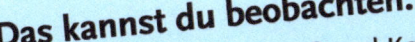

Nacktschnecke

Während sich Gehäuseschnecken an trocken-heißen Tagen in ihr schützendes Gehäuse zurückziehen können, fehlt den Nacktschnecken ein solches Gehäuse. Darum haben sie auch den Namen Nacktschnecke bekommen. Auch ihr weicher Körper besteht aus dem Fuß und dem Kopf. Am Kopf erkennst du zwei Paar Fühler: Mit den kleineren ertastet die Schnecke ihre Umgebung, auf den längeren sitzen zwei kleine Punktaugen.

Die Haut auf dem Rücken, die fein gepunktet ist und anders aussieht als am restlichen Körper, erinnert daran, dass die Vorfahren der Nacktschnecken noch ein Gehäuse getragen haben. Dieses Gehäuse saß genau dort. Vor diesem Hautfeld öffnet und schließt sich rhythmisch ein Loch: Das ist das Atemloch, mit dem die Schnecke Luft atmet.

Alle Schnecken kriechen auf dem muskulösen Fuß. Beim Kriechen sondert die Fußsohle eine schleimige Substanz ab, auf der sich die Schnecke wie auf einer glatten Unterlage fortbewegt. An trockenen Tagen trocknet der Schleim und die Schnecke hinterlässt eine silbern glänzende Spur.

Diese Nacktschneckenarten habe ich schon in der Becherlupe beobachtet:

_____

Diese Nacktschneckenarten will ich noch beobachten:

_____

Das kannst du beobachten:

- ✗ weicher Körper aus Fuß und Kopf
- ✗ am Kopf zwei Paar Fühler, das obere ist länger und trägt Augen
- ✗ auf dem Rücken ein fein gepunktetes Hautfeld, dort tragen Gehäuseschnecken ihr Häuschen
- ✗ Atemloch

Forschungsaufgabe ⑮ ☐

Lass eine Nacktschnecke auf einer Glasplatte kriechen. Beobachte sie dabei von unten. Du siehst, dass sich die Muskulatur wie in einer Wellenbewegung von vorne nach hinten bewegt.

Ohrwurm

Ohrwürmer sind weder Würmer noch dringen sie gern in Ohren ein. Der Ohrwurm ist ein Insekt, das in unseren Gärten lebt. Tagsüber versteckt er sich unter Blumenkübeln oder Steinen, in Rosenblüten oder Salatköpfen. Erst wenn es dunkel wird, verlässt der Ohrwurm sein Versteck, um auf Nahrungssuche zu gehen. Er erbeutet kleine Krabbeltiere, nascht aber auch an heruntergefallenem Obst und verschiedenen Pflanzen.

Männchen und Weibchen kannst du leicht voneinander unterscheiden: Die Zangen am Hinterleib der Männchen sind groß und sichelförmig nach innen gebogen, die der Weibchen kleiner und gerade. Die Weibchen legen ihre Eier ins Erdreich. Sie behüten die Eier, befreien sie von Schimmelpilzen und sorgen sogar noch für die kleinen geschlüpften Larven.

Achtung! Wenn sich der Ohrwurm bedroht fühlt, kann er kräftig mit den Hinterleibszangen zwicken.

INSEKT!

Das kannst du beobachten:
- ✗ dreigeteilter Körper mit Kopf, Brust und Hinterleib
- ✗ sechs Beine sitzen an der Brust
- ✗ am Ende des Hinterleibs kräftige Zangen
- ✗ Kopf mit Augen, langen Fühlern und Mundwerkzeugen

Erkennst du die kleinen Flügel auf dem Rücken?

Forschungsaufgabe ⑯
Wenn du Holzwolle in die Becherlupe füllst, versteckt sich der Ohrwurm sofort darin. Lege dann ein Blatt auf den Boden der Lupendose – auch darunter versteckt sich der Ohrwurm.

Raupe

Raupen sind die Kinder der Schmetterlinge. Es gibt bei uns rund 3000 verschiedene Schmetterlingsraupen, weil bei uns so viele verschiedene Schmetterlingsarten leben. Jede Raupe sieht nämlich anders aus. Manche sind einfarbig, andere bunt, manche haben eine glatte Haut, andere sind borstig behaart.

Das Leben aller Raupen beginnt, wenn sie aus dem Ei schlüpfen. Dann sind sie noch ganz klein. Sie machen den ganzen Tag nichts anderes außer fressen (meist Blätter und andere Pflanzenteile) und ruhen. Dabei werden sie immer größer. Wenn ihnen die Haut zu eng geworden ist, häuten sich die Raupen. Die neue Haut ist größer und so können die Raupen weiterwachsen.

Nach einigen Häutungen haben die Raupen dann ihre endgültige Größe erreicht – Raupen von kleinen Schmetterlingen sind natürlich viel kleiner als die großer Schmetterlinge. Nun verpuppen sich die Raupen. In der Puppe wird der Körper der Raupe zu dem des Schmetterlings umgebaut. Dann platzt die Puppenhülle auf und der fertige Schmetterling schlüpft heraus.

Achtung! Nimm behaarte Raupen nicht auf die Hand.

Forschungsaufgabe (17)

Raupen fressen meist nur ganz bestimmte Blätter. Biete der Raupe ein Blatt von der Pflanze an, auf der du sie gefunden hast. Dann biete ihr das Blatt einer anderen Pflanze an. Von welchem frisst sie?

Wichtig! Lasse die Raupe genau auf der Pflanze wieder frei, auf der du sie gefunden hast!

Meist knabbert die Raupe nur von den Blättern der Pflanze, auf der du sie gefunden hast. Die meisten Raupen ernähren sich nämlich nur von ganz bestimmten Pflanzen.

Das kannst du beobachten:

✗ meist walzenförmiger, geringelter Körper mit Kopf

✗ Kopf mit kräftigen Mundwerkzeugen

✗ jedes der drei Brustsegmente trägt ein Beinpaar

✗ zusätzliche Beinpaare am Hinterleib, oft am 3.-6. und ein weiteres am 10. Hinterleibssegment

Regenwurm

Regenwürmer mögen keinen Regen, denn er überflutet ihre unterirdischen Gänge. Dann müssen sie sich ganz schnell an die Erdoberfläche retten, wo die nächste tödliche Gefahr auf sie wartet: das Sonnenlicht. Selbst bei bewölktem Himmel erreichen die gefährlichen UV-Strahlen den Erdboden, die die Haut der Regenwürmer verbrennen.

Regenwürmer sind Ringelwürmer. Ihr Körper besteht aus vielen Körperringen. Am Vorderende sitzt der Mund, am Hinterende der After. Regenwürmer ernähren sich von kleinen Pflanzenteilchen, die sie einfach zusammen mit der Erde fressen. Dann scheiden sie die unverdauten Erdteilchen wieder aus und hinterlassen einen humusreichen Boden, in dem die Pflanzen bestens gedeihen.

Regenwürmer haben eine sehr empfindliche Haut, die schon bei Tageslicht einen Sonnenbrand bekommen kann. Daher schaue dir den Regenwurm nur höchstens 5 Minuten in der Becherlupe an. Dann lässt du ihn sofort auf dem Erdboden wieder frei, damit er sich in die Erde graben kann.

Das kannst du beobachten:

✗ wurmförmiger Körper mit vielen Körperringen

✗ vorne sitzt der Mund

✗ hinten sitzt der After

Forschungsaufgabe ⑱

Gib ein paar Blätter in die Becherlupe und beobachte, wie sich der Regenwurm verhält.

INSEKT!

Die meisten Schwebfliegen sehen auf den ersten Blick wie eine Wespe aus. Schaust du genauer hin, erkennst du die Ähnlichkeit mit einer Stubenfliege. Schwebfliegen sind in der Tat völlig harmlos. Sie tragen ihre schwarz-gelbe Warnkleidung nur, um Fraßfeinde abzuwehren.

Schwebfliegen leben bei uns überall dort, wo Wildblumen blühen. Sie ernähren sich nämlich von Nektar, Pollen und Baumsäften. Bei uns gibt es rund 500 verschiedene Arten, die bis zu 1,5 cm lang werden.

Die riesigen Augen und der fliegentypische Tupfrüssel verraten dir die Verwandtschaft zu den Fliegen. Schwebfliegen können wie Hubschrauber in der Luft stehen bleiben. Dabei legen sie ihre Beine an den Körper an. Erst zum Landen fahren sie die Beine wieder aus.

Das kannst du beobachten:

- ✗ dreigeteilter Körper mit Kopf, Brust und Hinterleib
- ✗ sechs Beine sitzen an der Brust
- ✗ zwei typische Fliegenflügel sitzen an der Brust an
- ✗ Kopf mit riesigen Augen, kurzen Fühlern und Tupfrüssel
- ✗ Hinterleib ohne Stachel oder Stechapparat

Forschungsaufgabe ⑲

Gib eine weiße Schirmblüte von Dill, Wilder Möhre, Kümmel oder einem anderen Doldenblütler in die Lupendose. Beobachte die Schwebfliege bei der Nahrungsaufnahme.

Silberfischchen

Auch das Silberfischchen ist ein Insekt. Obwohl es in vielen Häusern lebt, kannst du es nur selten sehen: Tagsüber versteckt sich das bis zu 1 cm lange Tier in engen Spalten und Ritzen von Fußböden und Tapeten. Erst nachts verlässt es sein Versteck und krabbelt auf dem Boden auf Nahrungssuche umher. Silberfischchen ernähren sich von stärke- und zuckerhaltigen Stoffen, Hausstaubmilben und Schimmelpilzen.

Manchmal begegnet dir nachts ein Silberfischchen, etwa wenn du auf die Toilette gehst. Sobald du das Licht anmachst, huscht das Silberfischchen in ein dunkles Versteck oder bleibt regungslos stehen. Keine Angst! Silberfischchen sind absolut harmlos, sie können weder beißen noch stechen.

Wenn du genau hinschaust, erkennst du den aus drei Teilen bestehenden Körper: Vorne sitzt der kleine Kopf, es folgt die Brust – das breiteste Körperteil mit drei deutlich erkennbaren Segmenten –, dann der spitz zulaufende Hinterleib.

Das kannst du beobachten:

- ✗ silbrig beschuppter Körper mit Kopf, Brust und Hinterleib
- ✗ sechs Beine sitzen an der Brust
- ✗ Kopf mit winzigen Augen und sehr langen Fühlern
- ✗ drei lange Schwanzfäden am Ende des Hinterleibs

INSEKT!

Forschungsaufgabe 20 ☐

Leg ein Blatt in die Becherlupe und beobachte, wie sich das Silberfischchen sofort darunter versteckt.

SPINNE!

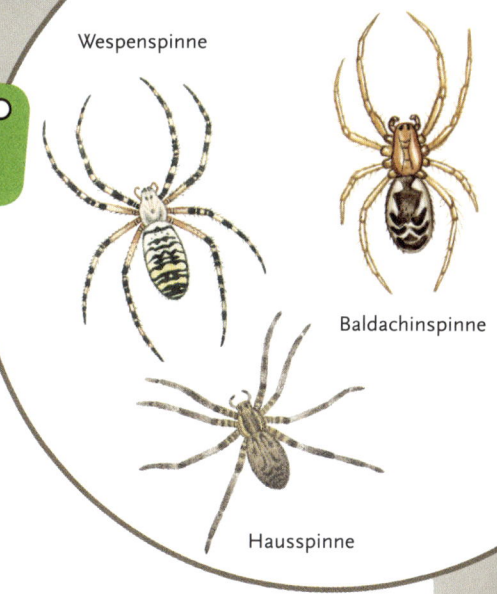

Wespenspinne

Baldachinspinne

Hausspinne

Eine Spinne besitzt immer acht Beine. Hat das Krabbeltier in deiner Becherlupe also acht Beine, dann weißt du, dass es eine Spinne ist. Insekten hingegen besitzen immer sechs Beine. Es gibt noch weitere Unterschiede zu den Insekten: Insekten besitzen einen dreigeteilten Körper mit Kopf, Brust und Hinterleib, während der der Spinnen nur aus zwei Teilen besteht (Vorder- und Hinterleib). Die meisten Insekten haben Flügel, Spinnen haben niemals Flügel.

Bei uns leben über 850 verschiedene Spinnenarten. Manche sind ganz klein, die größte ist die Hausspinne, die dank langer behaarter Beine so viel Platz wie deine Hand einnimmt. Am Hinterleib der Spinnen sitzen mehrere Spinndrüsen, mit deren Hilfe sehr feste Spinnfäden gesponnen werden. Kreuzspinnen, Baldachinspinnen und andere Arten weben daraus Fangnetze, mit denen sie ihre Beute fangen. Doch nicht alle Spinnen jagen mit Netzen: Wolfspinnen und Springspinnen lauern ihrer Beute auf und überfallen sie mit einem Sprung. Andere Spinnenarten bauen Fallgruben.

Alle Spinnen töten ihre Beute mit einem giftigen Biss.

Diese Spinnenarten habe ich schon in der Becherlupe beobachtet:

_____

Diese Spinnenarten will ich noch beobachten:

_____

Das kannst du beobachten:

✗ zweigeteilter Körper mit Vorderleib und Hinterleib

✗ acht Beine sitzen am Vorderleib

✗ vorne am Vorderleib sitzt der Kopf mit mehreren Augen, Tastern und Giftklauen

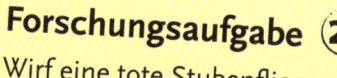

Forschungsaufgabe ㉑

Wirf eine tote Stubenfliege zu der Spinne in die Lupendose und beobachte, wie sich die Spinne verhält.

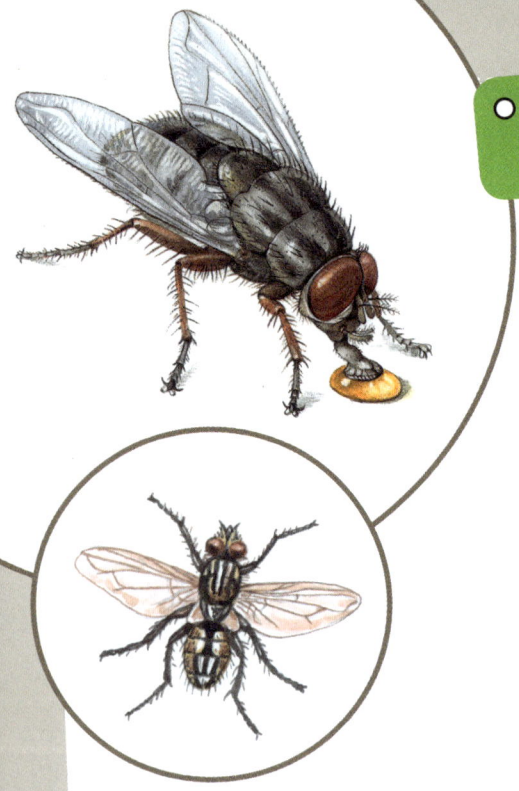

Stubenfliegen kennt jeder. Sie leben in jeder Wohnung und in jedem Stall auf der ganzen Welt, denn die Gerüche von Essen und Abfällen ziehen Stubenfliegen magisch an. Wenn sie auf den Speisen landen, nehmen sie mit Sinnesorganen auf ihren Füßen den Geschmack wahr. Weil sie nicht nur auf Speisen, sondern auch auf Kot landen (ohne sich dazwischen die Füße zu putzen), scheuche jede Fliege von dem Essen fort! Stubenfliegen können auf diese Weise nämlich auch gefährliche Krankheiten übertragen.

Stubenfliegen ernähren sich von allem Süßen. Sie können keine feste Nahrung zu sich nehmen, weil sie nicht abbeißen können. Dafür saugen Fliegen süße Flüssigkeiten mit ihrem Tupfrüssel auf.

Die Weibchen legen ihre Eier auf Kot, Mist, Jauche, Komposthaufen und vergammelndes Fleisch, von dem sich die walzenförmigen, hellen Maden ernähren.

Übrigens: In Räumen kannst du noch andere Fliegen entdecken, etwa die größeren, grauschwarzen Fleischfliegen mit den roten Augen, die metallisch grün-glänzenden Goldfliegen und die blaumetallisch-glänzenden Schmeißfliegen.

Das kannst du beobachten:

✗ dreigeteilter Körper mit Kopf, Brust und Hinterleib

✗ sechs Beine sitzen an der Brust

✗ ein Paar typische Fliegenflügel am Brustteil

✗ Kopf mit großen Augen, kurzen Fühlern und Tupfrüssel

✗ Erkennst du, dass der Fliegenkörper mit borstigen Haaren bedeckt ist?

Forschungsaufgabe ㉒

Gib ein Stück Würfelzucker in die Becherlupe. Beobachte, wie die Stubenfliege an dem Zucker nascht. Sie macht den Zucker mit dem Rüssel feucht und saugt dann die süße Flüssigkeit auf.

INSEKT!

Tausendfüßer

1000 Füße – das hat selbst der größte Tausendfüßer der Erde nicht. Der lebt in den warmen Tropenregionen und besitzt gerade mal 750 Füße. Bei uns bleiben die Tausendfüßer viel kleiner: Die längsten werden bis zu 5 cm lang und haben rund 130 Beine. Wenn du einen Tausendfüßer finden möchtest, musst du an feuchten, dunklen Stellen suchen, unter Steinen, in Rindenritzen, zwischen dem feuchten Falllaub der Wälder, im Erdboden oder in zersetzenden Baumstümpfen. Tagsüber verbergen sie sich in schützenden Verstecken, erst nachts kommen sie heraus und gehen auf Nahrungssuche. Tausendfüßer bewegen sich eher langsam. Sie sind keine Jäger, sondern ernähren sich von abgestorbenen Pflanzen. Daher sind Tausendfüßer wichtige Tiere: Sie helfen dabei, abgefallenes Laub, Äste und andere Pflanzenteile zu zersetzen und fruchtbaren Humus zu bilden.

Bei uns leben etwa 50 verschiedene Tausendfüßerarten, die aber kaum voneinander zu unterscheiden sind. Selbst Spezialisten brauchen zur Unterscheidung der Arten oftmals ein Mikroskop, um winzigste Körperdetails wahrzunehmen.

Achtung! Fasse keinen Tausendfüßer an. Er kann zwar nicht beißen oder stechen, gibt aber bei Bedrohung eine giftige Flüssigkeit ab.

Das kannst du beobachten:

- ✗ langer Körper mit vielen Ringen (Segmenten)
- ✗ jedes Segment trägt zwei Beinpaare, also vier Beine
- ✗ Kopf mit winzigen Augen, langen Fühlern und Mundwerkzeugen
- ✗ Beobachte, wie sich die Beine bewegen, wenn der Tausendfüßer läuft. Es scheinen Wellenbewegungen durch die Beine zu gehen.

Forschungsaufgabe (23)

Berühre sanft den Tausendfüßer mit einem Bleistift. Sofort rollt er sich seitlich zusammen. So schützt er seine empfindliche Bauchseite mit den Beinen, denn nun liegt der harte Körperpanzer ganz außen.

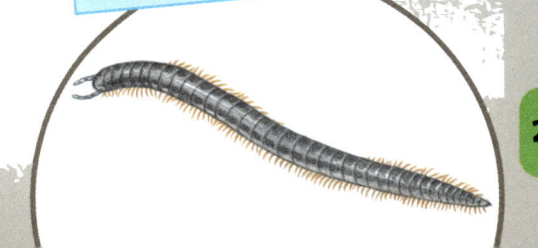

Grüne Stinkwanze

wanze

Wanzen sind eine Gruppe von Insekten, die bei uns meist 1-2 cm groß sind. Von den etwa 1000 verschiedenen Arten leben manche an Land (Beerenwanze, Blumenwanze, Feuerwanze, Lederwanze, Sichelwanze, Stinkwanze, Streifenwanze), andere auf oder im Wasser (Wasserläufer, Rückenschwimmer, Schwimmwanze, Wasserskorpion).

Wanzen besitzen einen schnabelartigen Rüssel, mit dem sie Säfte aus ihrer Nahrung (Beeren, Pflanzen, erbeutete Tiere) saugen. Diesen Rüssel erkennst du, wenn du die Tiere von der Bauchseite her betrachtest.

Achtung! Die meisten Wanzen stinken, wenn sie sich bedroht fühlen. Dann scheiden sie eine stinkende Flüssigkeit aus. Weil manche Wanzen mit dem Saugrüssel auch stechen können, solltest du eine Wanze nicht mit den Händen fangen! Benutze dazu deine Becherlupe.

Diese Wanzenarten habe ich schon in der Becherlupe beobachtet:

_____

Diese Wanzenarten will ich noch beobachten:

_____

Das kannst du beobachten:
- ✗ dreigeteilter Körper mit Kopf, Brust und Hinterleib
- ✗ sechs Beine sitzen an der Brust
- ✗ Flügel liegen in Ruhe auf dem Hinterleib
- ✗ Kopf mit Augen, Fühlern und langem Saugrüssel

Forschungsaufgabe (24) ☐

Beeren- und Stinkwanzen gehören zu den häufigsten Wanzen in unseren Gärten. Gib eine reife Himbeere zu der Wanze in die Lupendose. Beobachte, wie die Wanze an der Beere saugt. Übrigens: Die Himbeere schmeckt bitter, nachdem eine Wanze daran gesaugt hat.

Weil der Weberknecht acht lange Beine hat, ist er ein Spinnentier. Dennoch unterscheidet er sich deutlich von Kreuz- und anderen echten Spinnen: In der Becherlupe kommst du diesen Unterschieden ganz leicht auf die Spur. Der Weberknecht hat einen Körper, der nur aus einem Teil besteht – der Körper echter Spinnen hingegen besteht aus einem Vorder- und einem Hinterleib. Außerdem kann der Weberknecht keine Spinnfäden spinnen, denn er besitzt keine Spinnwarzen. Darum baut der Weberknecht auch niemals ein Spinnennetz. Ein Jäger ist er aber schon: Sein Jagdrevier sind die Blumen, Kräuter und Sträucher in Gärten und Wäldern, auch auf senkrechten Hauswänden kannst du ihn bei der Jagd beobachten.

Bei uns leben über 30 verschiedene Arten von Weberknechten.

Wichtig! Einen Weberknecht darfst du nur ganz kurze Zeit in der Becherlupe gefangen halten. In Gefangenschaft fühlt er sich bedroht und setzt zur Abwehr stinkende Sekrete frei. Diese wirken so stark, dass er sich sogar selbst betäubt.

SPINNENTIER!

Forschungsaufgabe ㉕

Beobachte, wie ein Weberknecht läuft: Dank der überlangen Beine kann er sich perfekt auf unebenen Untergründen wie Blattwerk, Zweige, Hauswände fortbewegen.

Das kannst du beobachten:

- ✗ einteiliger Körper
- ✗ acht Beine in der vorderen Körperhälfte
- ✗ Kopf mit kleinen Augen und Giftklauen

31

Wolfspinne

Vom Frühjahr bis zum Herbst wimmelt es an sonnigen Stellen am Waldboden und Wegrand auch in Gärten von fingernagelgroßen Spinnen: Das sind die Wolfspinnen. Sie bauen keine Netze, um Käfer und andere bodenlebende Insekten zu erbeuten. Wie ein Wolf lauern sie ihrer Beute auf und überwältigen sie mit einem Sprung.

Ab Ende Mai tragen manche Wolfspinnen am Hinterleib eine graue körpergroße Kugel. Das sind die Weibchen mit den Eikokons. Der Eikokon klebt solange an den Spinnwarzen, bis die Jungen schlüpfen. Auch die kleinen Jungspinnen lassen sich noch ein paar Tage von der Mutter herumtransportieren: Dann sitzen sie dicht gedrängt auf dem Hinterleib. Wenn sich die Jungspinnen zum ersten Mal häuten wollen, klettern sie vom mütterlichen Körper runter und sind von nun an auf sich gestellt.

Das kannst du beobachten:

- ✘ zweigeteilter Körper mit Vorder- und Hinterleib
- ✘ acht Beine sitzen am Vorderleib
- ✘ Kopf mit acht Augen, Tastern und Giftklauen
- ✘ im Sommer Eikokon am Hinterleib der Weibchen

Forschungsaufgabe (26)

Schau dir den Kopf der Spinne an: Vier der acht Augen sind besonders groß. Mit ihnen kann die Spinne besonders gut sehen und mögliche Beutetiere wahrnehmen.

INSEKT!

Zikade

Blutzikade

Im Frühling und Sommer kannst du manchmal an den Stängeln von Wiesenblumen ein Klümpchen „Spucke" entdecken. Das ist das Schaumnest von Zikadenlarven. Wenn die Zikadenlarve aus dem dort abgelegten Ei schlüpft, erzeugt sie einen weißen Schaum um ihren Körper. Der Schaum ist wasserabstoßend und schützt die Larve vor Hitze, Trockenheit und Fressfeinden.

Zikaden sind kleine bis mittelgroße Insekten, von denen es bei uns rund 700 verschiedene Arten gibt. Viele Arten sind bräunlich gefärbt (etwa die bis zu 7 mm lange Wiesenschaumzikade), andere sind grün oder schwarz-rot wie die verschiedenen Blutzikaden. Keine Angst! Trotz ihres Namens saugen diese Zikadenarten kein Blut, sondern Pflanzensäfte.

Zikaden leben überall, wo Pflanzen wachsen. Auffallend ist der kompakte Körper der Tiere mit den dachförmig abgelegten Flügeln. Zikaden springen häufig weit und hoch.

Diese Zikadenarten habe ich schon in der Becherlupe beobachtet:

_____

Diese Zikadenarten will ich noch beobachten:

_____

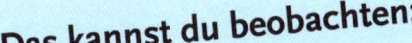

Forschungsaufgabe (27) ☐

Beobachte eine Zikade beim Springen.
Dazu nutzt sie ihre kräftigen Hinterbeine.

Das kannst du beobachten:

- ✗ dreigeteilter Körper mit Kopf, Brust und Hinterleib
- ✗ sechs Beine sitzen an der Brust
- ✗ dachförmig über dem Körper zusammengelegte Flügel
- ✗ Kopf mit Augen und sehr kurzen Fühlern

Pflanzen

Magst du Äpfel? Sie sind lecker, süß und saftig und so richtig gesund. Äpfel wachsen an Apfelbäumen und werden je nach Sorte von Sommer bis Herbst reif.

Damit sich ein Apfel entwickeln kann, muss im Frühling eine Biene eine Apfelblüte besuchen. Wenn die Biene auf der Blüte landet, bestäubt sie die Blüte mit dem von anderen Blüten mitgebrachten Blütenstaub (Pollen). Dann verblüht die Blüte und der Apfel entwickelt sich. Er ist zunächst noch grün und klein, dann wird er größer und größer. Viele Äpfel werden rot, wenn sie süß und reif zum Pflücken und Essen sind.

Betrachte einen Apfel von außen: Erkennst du die Reste der Blüte?

Dann schneidest du einen Apfel längs und schaust ihn dir in der Becherlupe an. Achte auch darauf, ob das Fruchtfleisch braun wird oder hell bleibt.

Experiment (28) ☐

Schneide einen Apfel quer durch. Nun erkennst du, dass das Gehäuse wie ein Stern aussieht. Es besteht aus fünf „Taschen", in denen jeweils ein Apfelkern steckt.

Die Kerne sind außen braun, innen weiß.

Das kannst du beobachten:

✗ die Haut
✗ das saftige Fruchtfleisch
✗ die Apfelkerne, die in Taschen sitzen
✗ das pergamentartige Gehäuse der Apfelkerne

Baumrinde

Wie eine Jacke umgibt die Rinde Stamm, Äste und Zweige der Bäume und Sträucher. Die Rinde schützt den Stamm vor Wasserverlusten, großen Temperaturunterschieden und sorgt dafür, dass keine Krankheitskeime eindringen können. Die Rinde besteht aus abgestorbenen Zellen.

Die Rinde junger Bäume ist meist ganz glatt. Wenn dann der Baum älter und der Stamm immer dicker wird, platzt die Rinde wie ein zu enges Kleidungsstück auf. Dann wird sie rissig. Später blättert die Rinde dann in Schuppen oder Platten ab. Du findest sie oft unter den Bäumen. Schau dir diese abgeplatzten Rindenstücke in der Becherlupe an, die Innen- und die Außenseite.

Tipp: Wenn das Rindenstück, das du betrachten willst, zu groß ist und nicht in deine Becherlupe passt, dann: Nimm den Deckel der Becherlupe in die Hand und nutze die Lupe als Handlupe! Das geht auch.

Das kannst du beobachten:

✗ Außenseite mit tiefen Rissen, in denen sich gern kleine Tiere verbergen

✗ Besonders spannend ist die glatte Innenseite: Manchmal befinden sich Eigelege darunter oder die Fraßgänge von Borkenkäfern.

Experiment ㉙

Fülle etwas Wasser in die Becherlupe und gib ein Stück trockene Rinde hinein. Was passiert? Sinkt es auf den Boden oder schwimmt es an der Oberfläche?

Da die Baumrinde leichter als Wasser ist, schwimmt sie an der Oberfläche. Sehr nasse Rindenstücke gehen allerdings unter, weil sie mit Wasser vollgesogen sind.

Wald-Erdbeere

Himbeere

Brombeere

Himbeeren, Erdbeeren, Brombeeren und all die anderen Beeren sind die leckersten Früchte der Welt. Sie sind saftig und süß und schmecken einfach köstlich. Aber viele Früchte, die Beeren heißen, sind aus der Sicht der Biologen gar keine. Echte Beeren haben außen eine feste Haut und sind innen weich. Außerdem findest du innen ganz viele Samen.

Schau dir die verschiedenen Beerenfrüchte in der Becherlupe an: Auf welche Beerenfrüchte passt diese Beschreibung?

Diese Beeren habe ich schon in der Becherlupe beobachtet:

_____

Diese Beeren will ich noch beobachten:

_____

Das kannst du beobachten:

✗ Echte Beeren sind Johannisbeeren, Preisel-beeren, Heidelbeeren und Stachelbeeren. Sie sind rund, innen weich mit vielen Samen.

✗ Keine echten Beeren sind Himbeeren und Brombeeren, denn sie bestehen aus vielen weichen Früchtchen.

✗ Keine echten Beeren sind auch Erdbeeren, denn bei ihnen sind die Samen nicht innen, sondern sitzen außen als „Kernchen" auf der Haut.

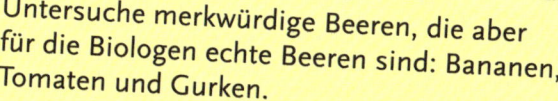

Forschungsaufgabe ③⓪ ☐

Untersuche merkwürdige Beeren, die aber für die Biologen echte Beeren sind: Bananen, Tomaten und Gurken.

Rotbuche

Ahorn

Stieleiche

Esche

Fast alle Pflanzen besitzen Blätter. Blätter sehen sehr unterschiedlich aus, manche wie Nadeln oder Schuppen, andere sind flächig ausgebreitet. Manche sind länglich, andere ei- oder herzförmig. Manche besitzen glatte Blattränder, andere tragen am Rand Kerben, Lappen, Zähne oder sehen wie eine Säge aus.

Trotz dieser großen Formenunterschiede haben eines alle Blätter gemeinsam: Alle Laubblätter sind grün. Die grüne Farbe verdanken sie dem Gehalt an Blattgrün, der auch Chlorophyll heißt. Dank diesem grünen Blattfarbstoff bauen Blätter aus Wasser und dem Kohlendioxid der Luft Zuckerverbindungen auf. Dazu brauchen sie nur Sonnenlicht. Die Blätter sind die Fabriken der Pflanzen. Den Blättern verdanken es die Pflanzen, dass sie wachsen, Blüten, Früchte und Samen bilden können. Tolle Körperteile, nicht wahr!

Diese Blätter habe ich schon in der Becherlupe beobachtet:

_____

Diese Blätter will ich noch beobachten:

_____

Das kannst du beobachten:

✗ Blattstiel
✗ Blattfläche mit Adern
✗ Blattrand
✗ Blattoberseite
✗ Blattunterseite

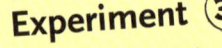

Experiment ③①

Klebe auf ein Blatt, zum Beispiel von einer Pflanze in deinem Zimmer, ein paar bunte Klebepunkte. Entferne sie eine Woche später. Was beobachtest du?

Wenn du nach einer Woche die Klebepunkte von dem Blatt entfernst, ist die Stelle darunter ganz hell geworden.

Wiesen-Klee

Klatsch-Mohn

Gänseblümchen

Blüten sind die schönsten Gebilde, die Pflanzen hervorbringen. Blüten gibt es in einer enormen Formenfülle, mit vier, fünf, sechs oder mehr Blütenblättern. Blüten leuchten in vielen verschiedenen Farben, in Weiß und Gelb, in Orange, Rosa, Rot und Purpur, in Violett, Lila und Blau und in ungeheuer vielen Farbkombinationen. Viele Blüten verströmen zusätzlich auch noch einen zarten bis intensiven Duft.

Blüten erfüllen bei den Pflanzen eine wichtige Aufgabe: Sie sind dazu da, Samen zu bilden, damit sich die Blumen vermehren können. Dazu besitzen Blüten zum einen Staubbeutel, in denen gelber Blütenstaub (Pollen) erzeugt wird. Zum anderen haben Blüten eine klebrige Narbe, an der der Blütenstaub anderer Blüten hängen bleibt. Dann können die Samenanlagen befruchtet werden und Samen bilden.

Bei unscheinbaren Blüten wird der Blütenstaub vom Wind von Blüte zu Blüte transportiert. Bei den auffallenden bunten, duftenden Blüten übernehmen Bienen, Schmetterlinge, Hummeln, Fliegen und andere Insekten diesen Transport. Nun weißt du, warum Blüten so auffallend sind: Sie locken diese Tiere an.

Diese Blüten habe ich schon in der Becherlupe beobachtet:

_____

Diese Blüten will ich noch beobachten:

_____

Das kannst du beobachten:

✗ Wie viele Blütenblätter zählst du?

✗ Staubbeutel mit dem Blütenstaub

✗ klebrige Narbe in der Blütenmitte

✗ grüne Kelchblätter, die die Blüte umgeben

✗ Achte auch auf Muster und Zeichnungen!

Experiment ㉜

Du kannst auch Blüten bestäuben: Nimm vorsichtig den gelben Blütenstaub mit einem Pinsel von einer Blüte auf und streiche dann ganz vorsichtig mit diesem Pinsel über eine andere Blüte, die genauso aussieht.

Blütenknospe

Bevor eine Blüte sich öffnet, ruht sie geschlossen in einer Knospe. In der Knospe sind alle Blütenteile schon voll entwickelt, aber sie sind noch ganz trocken. Wenn sich die Knospe öffnet, strömt Wasser in die Zellen der Blütenblätter. Dadurch werden die Blütenblätter immer größer, bis die Blüte ihre endgültige, arttypische Größe erreicht hat.

Nimm eine Knospe, die dabei ist aufzugehen, und lege sie in die zu einem Drittel mit Wasser gefüllte Lupendose. Mit etwas Glück öffnet sich die Knospe und du kannst beobachten, wie sich nach und nach die Blütenblätter entfalten.

Diese Knospen habe ich schon in der Becherlupe beobachtet:

_____

Diese Knospen will ich noch beobachten:

_____

Das kannst du beobachten:
X grüne Hüllblätter
X bunte Blütenblätter

Experiment ㉝

Fülle deine Lupendose zur Hälfte mit Wasser und lege ein Gummibärchen hinein. Schau es dir jeden Tag an. Das Gummibärchen wird immer größer, weil es Wasser aufnimmt. Genauso wird die Blüte auch immer größer, nachdem sich die Knospe geöffnet hat.

Die Früchte der Rot-Buche heißen Bucheckern. Diese dreikantigen Nussfrüchte stecken in einer stacheligen braunen Hülle. Diese Hülle platzt an der Spitze auf, wenn die Bucheckern im Herbst reif sind. Dann fällt die Hülle mit den Früchten vom Baum. In manchen Jahren gibt es sehr viele Bucheckern, in anderen nur wenige.

Bucheckern sind glänzend braun. Die glänzend braune Haut kannst du ganz leicht abmachen. Darunter kommt der weiße Samen zum Vorschein, der auch essbar ist. Früher benutzten die Menschen die Bucheckern als Ersatz für Mehl. Damals trieben sie Schweine, Rinder und anderes Vieh in den Wald, damit sie sich an den Bucheckern (und Eicheln) satt fraßen. Die Samen enthalten auch ein fettes Öl, das in der Küche als schmackhaftes Speiseöl verwendet werden kann.

Eichhörnchen, Tauben, Eichelhäher und andere Tiere fressen gern Bucheckern.

Forschungsaufgabe ③④

Schau dir im Frühjahr den Boden unter Rot-Buchen genau an. Sicherlich kannst du dort ganz frische Buchenbäumchen entdecken: Sie wachsen aus einer Buchecker, haben eine kurzen Stängel und tragen erst zwei kleine Blätter.

Das kannst du beobachten:
- ✗ stachelige Hülle
- ✗ glänzend braune Bucheckern
- ✗ weiße Samen

Eine Distel ist eine ziemlich kratzige Pflanze, denn ihre Blätter und Stängel sind mit spitzen Dornen versehen. Diese Dornen schützen die Pflanze davor, von Rindern, Schafen und anderen Tieren gefressen zu werden.

Disteln sind schön und interessant, wenn du sie mit der Lupe betrachtest. Schau dir die dornigen Blätter an, die dornigen Stängel und auch die purpur bis violetten Blütenköpfe. Sie entspringen einer Hülle aus grünen Hüllblättern, die oftmals auch noch mit Dornen besetzt sind. Der Blütenkopf ist keine einzelne Blüte, sondern besteht aus vielen Hundert Röhrenblüten. Jedes Blütenblatt ist eine einzelne Blüte, die zusammen ein Blütenkörbchen bilden.

Bei uns gibt es viele verschiedene Distelarten. Schmetterlinge besuchen sehr gern die Distelblüten, weil sie den feinen Nektar dieser Blüten besonders gern saugen. Welche Schmetterlinge hast du auf den Distelblüten entdeckt?

Das kannst du beobachten:

✗ Blütenkörbchen aus vielen Einzelblüten

✗ viele grüne Hüllblätter

✗ dornenbesetzte Blätter

Forschungsaufgabe ㉟

Ziehe ganz vorsichtig an einem einzelnen Blütenblatt. Mit etwas Geschick hast du nun eine Einzelblüte in der Hand. Sie besteht aus einem Blütenblatt, einem Staubblatt (das Blütenstaub produziert) und einer klebrigen Narbe.

Gänseblümchen

Gänseblümchen kannst du fast das ganze Jahr über entdecken, denn sie öffnen ihre Blütenkörbchen von Januar bis November an schönen, warmen Tagen. Diese beliebten Blumen wachsen gern auf den Rasenflächen in Park und Garten. Nur nachts und bei kühlem Wetter bleiben die Blüten geschlossen. Dann wachsen die grünen Hüllblätter an der Außenseite und drücken die Zungenblüten zusammen.

Das Blütenkörbchen eines Gänseblümchens ist nämlich keine einzelne Blüte, sondern besteht aus vielen Hundert Einzelblüten. Am Rand sitzen zungenförmige Blüten, die Zungenblüten heißen, in der Mitte die meist gelben röhrenförmigen Röhrenblüten. Jede Zungen- und jede Röhrenblüte ist eine einzelne Blüte, die zusammen ein Blütenkörbchen bilden. Darum heißen alle Blumen, die solche Blütenkörbchen aus vielen kleinen Einzelblüten besitzen, auch Korbblütler. Auch die Blüten von Löwenzahn und Margerite sind Korbblütler mit Zungen- und Röhrenblüten.

Nach der Bestäubung bilden sich kleine Früchtchen, die vom Wind oder Regen mitgenommen und verbreitet werden.

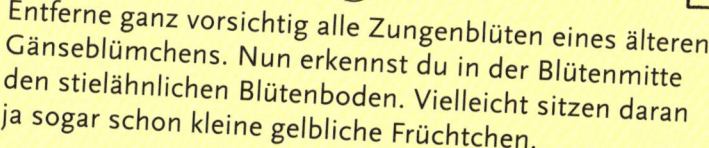

Forschungsaufgabe (36)

Entferne ganz vorsichtig alle Zungenblüten eines älteren Gänseblümchens. Nun erkennst du in der Blütenmitte den stielähnlichen Blütenboden. Vielleicht sitzen daran ja sogar schon kleine gelbliche Früchtchen.

Das kannst du beobachten:
- ✗ Blütenkörbchen aus vielen Einzelblüten
- ✗ am Blütenrand sind Zungenblüten
- ✗ in der Blütenmitte sind Röhrenblüten
- ✗ grüne Hüllblätter sitzen unterhalb des Blütenkörbchens

Holzstück

Dank dem harten Holz können Bäume so hoch werden. Der höchste Baum bei uns ist über 65 m hoch, die höchsten der Welt erreichen sogar Höhen von bis zu 130 m! Das ist höher als ein Fußballfeld lang ist!

Wenn du eine Baumscheibe entdeckst – zum Beispiel, wenn gefällte Baumstämme am Wegrand liegen –, dann kannst du beobachten, wie der Baum einst einen ganz dünnen Stamm hatte. Er wurde im Lauf der Jahre immer dicker. Mitten in der Baumscheibe entdeckst du einen dunklen Punkt. Das war der Baum, als er ganz klein war und nur aus einem dünnen Stängel bestand. Dann wurde der Baum jedes Jahr dicker – so entstand jedes Jahr ein neuer Ring aus hellem und dunklem Holz. Darum heißen die Ringe Jahrringe. Wenn du die dunklen Ringe von der Mitte nach außen zählst, weißt du wie alt der Baum ist. Du kannst auch die hellen Ringe zählen, das bringt dich zum selben Ergebnis.

Tipp: Wenn das Holzstück, das du betrachten willst, nicht in deine Becherlupe passt, dann: Nimm den Deckel der Becherlupe in die Hand und nutze die Lupe als Handlupe!

Das kannst du beobachten:

X Jahrringe aus hellen und dunklen Ringen; sie sind unterschiedlich breit

X unterschiedliche Holzfarben, manche sind hell, andere gelb oder rot, wieder andere grau oder dunkelbraun

Forschungsaufgabe (37)

Zähle die dunklen Ringe an einer Scheibe eines Holzstamms. Wie alt war der Baum, als er gefällt wurde?

Kaffeebohne

Kaffee wird aus gemahlenen Kaffeebohnen und heißem Wasser gemacht. Weil dieses Heißgetränk anregendes Koffein enthält, trinken es nur Erwachsene. Die Kaffeebohnen – am besten ungeröstete und geröstete – schaust du dir dennoch in der Becherlupe an.

Trotz ihres Namens sind Kaffeebohnen keine Bohnen, sondern die Samen der Kaffeepflanze. Diese Pflanze wächst in tropischen Ländern rund um den Äquator, in denen es das ganze Jahr über warm ist.

Aus den weißen Blüten entwickeln sich rote, kirschenähnliche Früchte mit zwei blass-grünlichen Kaffeebohnen, die mit der flachen Seite zueinander liegen. Nach der Ernte werden sie zunächst getrocknet. Dann werden sie geröstet und bekommen ihre dunkelbraune Farbe.

Nimm zwei Kaffeebohnen und lege sie mit der flachen Seite aneinander. Nun bilden die Samen fast eine Kugel. So haben die Samen einst in der Frucht beisammen gelegen.

Experiment (38)

Besorge eine frische, noch grüne Kaffeebohne und eine braun geröstete. Schneide beide Bohnen vorsichtig durch und rieche an beiden: Nur die geröstete Kaffeebohne duftet wie das Kaffeegetränk.

Das kannst du beobachten:

✗ flache Innenseite mit Längsspalte
✗ gewölbte Außenseite

Rosskastanie

Esskastanie

Kastanie

Kastanien heißen zwei verschiedene Baumfrüchte – zum einen die bekannten Kastanien der Rosskastanie, die im Herbst so gern für Basteleien gesammelt werden, zum anderen die Esskastanien oder Maronen, die essbaren Früchte der Edelkastanie. Beide sind glänzend braun und sitzen zu mehreren in einer grünen bis bräunlichen stacheligen Hülle. Dennoch wachsen sie auf völlig anderen Bäumen.

Die 5-7 cm großen, glänzenden Rosskastanien sind die Samen der Rosskastanie. Sie sind für uns Menschen ungenießbar, eignen sich aber zum Basteln von herrlichen Figuren. Rosskastanien wachsen in fast allen Städten, gern in Parks und Biergärten.

Die Esskastanien hingegen sind Nussfrüchte. Ihre Hülle ist sehr viel stacheliger als die der Rosskastanie. Edelkastanienbäume gedeihen nur in warmen Gebieten, bei uns vor allem in Weinbaugegenden.

Das kannst du beobachten:
✗ braune Baumfrüchte
✗ hellbraunes, mattes Feld
✗ Esskastanien laufen in einer kleinen Spitze aus
✗ Rosskastanien fehlt diese Spitze

Forschungsaufgabe ㉟
Öffne die stachelige Hülle der Esskastanien. Du entdeckst darin meist zwei, manchmal auch drei Maronen, die von einer derben, innen wolligen Samenschale umgeben sind.

Kiefernzapfen

Zapfen sind die Früchte der Nadelbäume. Da in unseren Wäldern die Fichten und Kiefern am häufigsten sind, findest du meist ihre Zapfen am Waldboden. Fichtenzapfen sind zu lang, sie passen nicht in deine Becherlupe. Die Kiefernzapfen hingegen füllen gerade deine Becherlupendose. Noch kleiner sind die Zapfen der Lärchen – auch sie passen gut in deine Becherlupe. Tannenzapfen hingegen findest du niemals am Boden, denn sie zerfallen schon, wenn sie noch am Baum sind. Schau dich auch in Parks und Gärten nach Zapfen um, denn dort stehen viele Zier-Nadelbäume.

Ein Zapfen besteht aus vielen holzigen Schuppen, unter denen die feinen Samen sitzen. Damit die Samen nur bei trockenem Wetter aus den Zapfen fallen, liegen die Schuppen bei feuchtem Wetter dicht an und verschließen die Öffnungen.

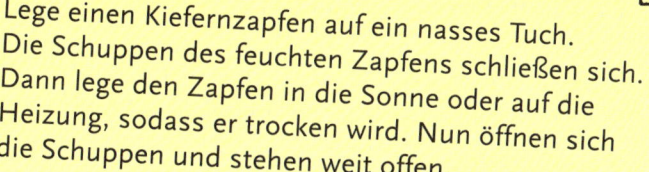

Experiment ④⓪

Lege einen Kiefernzapfen auf ein nasses Tuch. Die Schuppen des feuchten Zapfens schließen sich. Dann lege den Zapfen in die Sonne oder auf die Heizung, sodass er trocken wird. Nun öffnen sich die Schuppen und stehen weit offen.

Das kannst du beobachten:
✗ hölzerne Schuppen
✗ geschlossener Zapfen
✗ geöffneter Zapfen

Bäume und Sträucher sind bekannt für ihre Früchte. Neben dem Obst – Äpfel, Birnen, Kirschen – gehören die Haselnüsse zu den beliebtesten Baumfrüchten, denn ohne sie wäre eine Schokonusscreme nur halb so lecker. Haselnüsse sind die Früchte der Hasel, die wild am Waldrand und in Feldgehölzen, aber auch in vielen Gärten wächst. Auch an der Baumhasel, ein zunehmend beliebter Stadtbaum, wachsen Haselnüsse, die genauso gut schmecken wie die des Haselstrauchs.

Haselnüsse sind Nussfrüchte, denn bei ihnen ist der harte Samen von einer harten Schale umgeben. Die Haselnüsse sitzen in einem tütenförmigen Becher aus grünen Hüllblättern, deren Rand zerschlitzt ist. Die harten Schalen kannst du nur mit einem Nussknacker öffnen.

Übrigens: Auch Bucheckern, Eicheln und Esskastanien (Maronen) sind Nussfrüchte, die bekannten Rosskastanien hingegen nicht. Auch Walnüsse sind – trotz ihres Namens – keine Nussfrüchte, sondern Steinfrüchte wie etwa die Kirschen.

Diese Nüsse habe ich schon in der Becherlupe beobachtet:

_____

Diese Nüsse will ich noch beobachten:

_____

Das kannst du beobachten:

✗ zerschlitzte Hüllblätter
✗ harte Schale
✗ Stelle, an der die Schale am Baum saß
✗ Schale innen ist rau
✗ harte Nuss

Forschungsaufgabe (41)

Suche einen Haselnussstrauch im Spätsommer und Herbst auf. Wenn du Haselnüsse mit einem kleinen Löchlein findest, hat sich in dieser Nuss ein Haselnussbohrer (Rüsselkäfer) entwickelt. Aufgebrochene oder angeknabberte Nussschalen stammen von Mäusen, der Haselmaus oder dem Eichhörnchen.

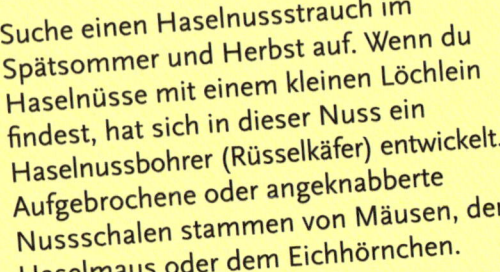

Pilz

Pfifferling

Champignon

Steinpilz

Im Wald, auf Wiesen und am Wegrand wachsen verschiedene Pilze. Champignons und zeitweise auch andere Speisepilze wie Pfifferlinge, Steinpilze, Austernseitlinge werden aber auch in der Gemüseabteilung von Lebensmittelmärkten und auf Wochenmärkten angeboten.

Pilze sind weder Pflanzen noch Tiere, denn sie bilden ein ganz eigenes Reich von Lebewesen. Der größte Teil des Pilzes befindet sich als Wurzelgeflecht im Erdboden. Viele Pilze leben in ständiger Gemeinschaft mit Bäumen, Sträuchern oder Blumen und sind gegenseitig aufeinander angewiesen. Mykorrhiza nennt man diese innige Partnerschaft. Bei den meisten Pilzen werden an feuchten Herbsttagen die bekannten Pilzkörper gebildet, die wie Äpfel und andere Früchte dafür sorgen, dass sich die Pilze vermehren.

Die typischen Pilze bestehen aus einem Stiel und einem Hut. Wenn du auf die Unterseite des Huts schaust, entdeckst du, dass sich dort bei manchen Pilzen Lamellen befinden. Das ist zum Beispiel beim Champignon der Fall. Bei anderen Pilzen sitzen auf der Hutunterseite unzählige Röhren, so beispielsweise beim Steinpilz.

Schau dir die gekauften Speisepilze in der Becherlupe an. Halbiere einen Pilze der Länge nach und schaue ihn dir ebenfalls an.

Diese Pilzarten habe ich schon in der Becherlupe beobachtet:

_____

Diese Pilzarten will ich noch beobachten:

_____

Das kannst du beobachten:

✗ Stiel
✗ Hutoberseite
✗ Hutunterseite mit Lamellen oder Röhren
✗ halbierter Pilz

Experiment 42

Entferne bei einem Champignon den Hut und lege ihn mit der Unterseite auf ein Stück weißes Papier. Nach ein paar Tagen fällt das bräunliche Sporenpulver aus dem Hut und hinterlässt einen Abdruck auf dem Papier.

Pusteblume

Pusteblumen sind ein Beobachtungsobjekt für wirkliche Spezialisten! Schon beim leisesten Windhauch fliegen die kleinen Schirmchen davon. Darum musst du ganz vorsichtig vorgehen, wenn du eine Pusteblume tatsächlich in die Becherlupe legen möchtest. Wähle dazu am besten einen feuchten, windstillen Tag. Dann schneidest du den Stiel einer Pusteblume mit einer Schere durch (aufpassen, damit du dich nicht verletzt!) und legst die Pusteblume sanft in die Becherlupe hinein. Wenn dir das gar nicht gelingen mag, verwendest du die Lupe in dem Becherlupendeckel als Handlupe – das funktioniert genauso gut!

Wenn eine Löwenzahnblüte bestäubt ist, verwelkt sie und bildet Samen. Jeder Samen besitzt ein Schirmchen, damit er vom Wind durch die Luft geweht und an einen anderen Platz gebracht wird. Dort wächst dann eine neue Löwenzahnpflanze. Auch die Löwenzahnblüte ist ein Blütenstand und besteht wie das Gänseblümchen (siehe Seite 43) aus ganz vielen kleinen Einzelblüten. Jedes gelbe Blütenblatt ist eine einzelne Blüte, die einen Samen bildet. Darum besteht die Pusteblume aus so vielen Samen.

Das kannst du beobachten:
✗ grüne Hüllblätter
✗ Blütenboden, auf dem die Samen sitzen
✗ braune Samenkörner mit langem Stiel und weißem Schirmchen

Forschungsaufgabe (43)
Suche draußen einen Löwenzahn auf und beobachte eine Löwenzahnblüte an mehreren Tagen hintereinander. Du siehst, wie sich die Blütenknospe bildet, wie sie aufblüht, verwelkt und sich dann die Pusteblume öffnet. Wenn alle Samenschirmchen davongeflogen sind, bleibt der Blütenboden übrig. Schau dir alle Stadien der Blüte in der Becherlupe an.

Zitronen sind länglich-ovale Früchte, die eine gelbe oder grüne Schale besitzen. Das saftige Fruchtfleisch ist ziemlich sauer, weil es sehr viel Vitamin C enthält.

Die Schale ist fest mit den Häutchen der einzelnen Fruchtfleischsegmente verwachsen. Darum lässt sich eine Zitrone nicht wie eine Orange oder Mandarine schälen. Konditoren legen die Zitronenschale in flüssigem Zucker ein und bekommen bitter-süßes Zitronat, das gern in weihnachtlichen Kuchen wie etwa in Christstollen gemischt wird.

In manchen Zitronen befinden sich auch viele weiße, glatte Samen. Wenn du die Samen in einen mit Blumenerde gefüllten Blumentopf steckst, wachsen mit etwas Glück kleine Zitronenbäumchen heran.

Schneide eine Zitrone auf und schau dir eine halbe Scheibe in der Becherlupe an. Du kannst auch ein Stück einer Orange, Limette, Kiwi, Ananas oder eines anderen Obstes vergrößert betrachten.

Diese Obstscheiben habe ich schon in der Becherlupe beobachtet:

_____

Diese Obstscheiben will ich noch beobachten:

_____

Das kannst du beobachten:
- ✗ Schale außen gelb, innen weiß
- ✗ Fruchtfleisch in acht bis zehn Segmente geteilt
- ✗ jedes Segment von weißem Häutchen umgeben

Experiment 44

Wenn du die Schale einer Zitrone oder Orange zusammendrückst, platzen die zahlreichen Öldrüsen auf und verströmen einen intensiven Zitronen- bzw. Orangenduft.

Tierspuren und Co.

Bienenwabe

Honigbienen leben in großen Staaten, die aus einer Königin und vielen Arbeiterinnen bestehen. Um den Honig in ihrem Bau zu lagern, bauen die Arbeiterinnen Bienenwaben. Die Waben bestehen aus vielen einzelnen Zellen. Die Waben und Zellen bestehen aus Wachs, den die Bienen in bestimmten Körperdrüsen produzieren und als kleine Wachsschüppchen ausschwitzen. Aus diesem selbstgemachten Wachs bauen die Arbeiterinnen mit ihren Mundwerkzeugen die Waben und Zellen.

In dem Bienenbau gibt es ein Honiglager. Dort wird in den Zellen der Honig gelagert. Wenn eine Zelle mit Honig gefüllt ist, verschließen die Bienen sie mit einem Deckel aus Wachs.

In einem anderen Teil des Baus wachsen die Bienenlarven heran. Auch dort gibt es Waben, denn jede Bienenlarve lebt in einer einzelnen Zelle. In der befindet sich natürlich kein klebriger Honig.

Wie kommst du an eine Bienenwabe?

In manchen Honiggläsern findest du Stücke von Bienenwaben. Oder du fragst bei einem Imker.

Forschungsaufgabe (45)

Jede Zelle der Bienenwabe sieht gleich aus wie die andere. Nimm ein Lineal und messe, wie lang eine Zelle ist und wie breit.

Das kannst du beobachten:

X Eine Wabe besteht aus vielen Zellen.

X Jede Zelle ist sechseckig.

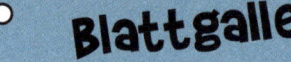

Blattgalle

Im Sommer und Herbst kannst du auf Laubblättern merkwürdige Gebilde entdecken, die wie Kugeln, kleine Türmchen, Säulchen oder Zwiebelchen aussehen. Sie stammen von verschiedenen Insekten oder Milben. Wenn das Weibchen einer Gallmilbe, Galllaus, Gallmücke oder Gallwespe seine Eier auf das Blatt einer ganz bestimmten Pflanze legt, bildet diese Pflanze eine Hülle um das Ei. Die schlüpfende Larve findet in dieser Hülle (Galle genannt) nicht nur einen geschützten Platz zum Leben, sondern auch genügend Nahrung: Sie frisst nämlich das Innere der Galle auf.

Anhand des Aussehens der Galle kannst du erkennen, von welchem Tier sie erzeugt wurde und welche Larve darin heranwächst. Das ist viel einfacher, als die meist winzigen Larven oder sehr kleinen erwachsenen Tiere zu bestimmen. Gallmilben, Gallläuse, Gallmücken und Gallwespen sind meist kleine, unscheinbare Tiere. Daher werden sie leicht übersehen. Die Gallen kannst du aber gut in der Becherlupe betrachten.

Das kannst du beobachten:

✗ **Buchenblatt:** zwiebelförmige Gallen stammen von Buchengallmücke

✗ **Lindenblatt:** fortsatzähnliche Gallen stammen von Lindengallmilbe

✗ **Ahornblatt:** säulenförmige Gallen stammen von Ahornblattgallmilbe

✗ **Ahornblatt:** kugelförmige Gallen stammen von Ahornblattgallwespe

✗ **Eichenblatt:** große kugelförmige Gallen stammen von Eichengallwespe

✗ **Eichenblatt:** napfförmige Gallen stammen von Seidenknopfgallwespe

Forschungsaufgabe (46)

Suche im Herbst und Winter auf den herabgefallenen Eichenblättern nach den 1,5-2 cm großen kugelrunden Gallen der Eichengallwespe. Findest du darin ein kleines Löchlein, ist die fertige Gallwespe schon geschlüpft. Fehlt ein solches Löchlein, überwintert die Gallwespe noch in der Galle. Lege das Blatt dann wieder dorthin zurück, wo du es gefunden hast.

Edelstein

Wenn du draußen einen Kieselstein aufhebst, in den Bergen einen glitzernden Kristall findest oder einen schönen Schmuckstein entdeckst, so schaue dir diese Stücke unbedingt in der Becherlupe an. Gesteine und Edelsteine bestehen aus Mineralien, die meist schöne Kristalle bilden. Solche Kristalle sind zum Beispiel die Quarze, unter denen du sicherlich den durchsichtigen Bergkristall oder den rosa Rosenquarz kennst.

Während Kristalle stets nur aus einem Mineral bestehen, werden die Gesteine meist aus vielen verschiedenen Mineralien gebildet. Darum glitzern sie nicht so schön, enthalten aber manchmal kleine Kristalle. So kannst du im Granit, einem häufigen Gestein, die drei Mineralien Feldspat, Quarz (beide hell) und den dunklen Glimmer entdecken.

Mineralien werden dann Edelsteine genannt, wenn sie für Schmuckstücke schön geschliffen werden.

Wenn du dich für Mineralien, Kristalle und Gesteine interessierst, schau dir doch mal die vielen verschiedenen Steine in einem Naturführer an.

Diese Edelsteine habe ich schon in der Becherlupe beobachtet:

_____

Diese Edelsteine will ich noch beobachten:

_____

Das kannst du beobachten:

✗ Wie ist der Edelstein geschliffen?

✗ Besteht er aus einem oder mehreren Kristallen?

✗ Welche Farbe hat er?

Forschungsaufgabe (47)

Versuche den Edelstein zu zeichnen, den du in der Becherlupe betrachtet hast. Kannst du herausfinden, wie er heißt? Schau dazu in einem Buch über Edelsteine nach.

Schwan

Turmfalke

Elster

Feder

Alle Vögel besitzen Federn. Sie halten den Vogel warm und ermöglichen ihm überhaupt erst, dass er fliegen kann. Die Federn machen aus den Flügeln Tragflächen wie bei einem Flugzeug.

Federn nutzen sich auch ab, wenn sie gebraucht werden. Weil Vögel aber nur mit einem intakten Gefieder fliegen können, wechseln sie einmal im Jahr ihre Federn. Dann fallen nach und nach die alten Federn aus und neue wachsen nach. Biologen nennen den Gefiederwechsel Mauser. Bei uns mausern sich die Vögel im Sommer, wenn die Brutzeit zu Ende ist. Dann ist die anstrengende Zeit der Jungenaufzucht vorbei, es gibt genügend Nahrung und die Temperaturen sind angenehm. Darum kannst du im Sommer viele Federn finden, wenn du draußen in der Natur unterwegs bist.

Schau dir die Federn in der Becherlupe an. Sie bestehen aus einem Schaft, an dem ganz viele Strahlen sitzen. Die wärmenden Dunenfedern sind ganz weich, sie sitzen wie ein Unterhemd nah am Körper. Die Konturfedern sind sozusagen eher die Jacke der Vögel. Bei ihnen bilden die Strahlen eine flächige Fahne, weil sie über Haken- und Bogenstrahlen ineinander verhakt sind.

Diese Federn habe ich schon in der Becherlupe beobachtet:

_____

Diese Federn will ich noch beobachten:

_____

Das kannst du beobachten:

✗ Schaft
✗ viele Strahlen
✗ verschiedene Farben und Muster

Experiment ④⑧

Wenn du eine Konturfeder findest, nimm die Fahne zwischen Daumen und Zeigefinger und streiche von ihnen nach außen. Weil sich nun die Strahlen miteinander verzahnen, bildet sich eine geschlossene Fahnenfläche.

Fossil

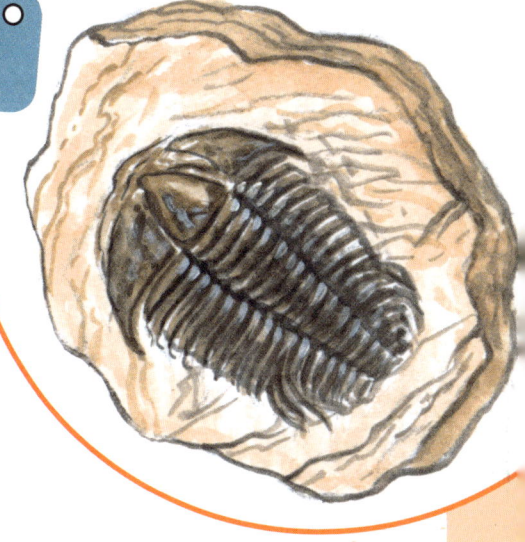

Fossilien sind versteinerte Reste von Tieren und Pflanzen, die vor vielen Millionen Jahren auf der Erde gelebt haben. Viele Fossilien sind sehr groß, aber unter den Trilobiten (urzeitlichen Dreilappkrebsen), Ammoniten und Belemniten (Gehäuse und Schalenreste urzeitlicher Tintenfische), Muscheln und Korallen findest du häufig Exemplare, die in deine Becherlupe hineinpassen.

Auch der gelbe Bernstein ist ein fossiler Rest, denn einst war der Bernstein ein klebrig-flüssiger Harz. Er tropfte aus den Bäumen. Immer wieder sind im Bernstein Insekten und andere Tiere enthalten, die vor vielen Tausenden von Jahren am ausgetretenen Harz hängen geblieben sind. Sie wurden mit dem Harz zu Bernstein versteinert.

Fossilien kannst du in bestimmten Gesteinen finden oder in Mineralien- und Fossilienläden kaufen.

Diese Fossilien habe ich schon in der Becherlupe beobachtet:

_____

Diese Fossilien will ich noch beobachten:

_____

Das kannst du beobachten:

✗ Vertiefungen und Erhebungen
✗ Rillen, Kerben
✗ verschiedenste Formen

Forschungsaufgabe ㊾

Schau dir das Fossil genau an und versuche zu zeichnen, was du siehst. Schau in einem Buch über Fossilien nach und versuche herauszufinden, wie das Fossil heißt.

○ **Libellenlarven-exuvie**

Libellen sind zu groß für deine Becherlupe! Aber eine Libellenlarve oder die Larvenhaut passen in die Lupendose.

Libellen sind Insekten, die meist in der Nähe von Gewässern leben. Bei uns leben etwa 50 verschiedene Libellenarten. Fliegend machen Libellen Jagd auf andere Insekten. Mit den riesigen Augen können sie perfekt sehen. Nach der Paarung, bei der die Libellen in der Luft ein Rad bilden, legt das Weibchen seine Eier ins Wasser.

Im Wasser schlüpfen die Larven. Sie verbringen ihr Leben am Gewässergrund. Sie sind gefährliche Räuber, die Larven, Kaulquappen und sogar kleine Fische erbeuten. Dabei werden sie immer größer. Wenn sie ihre endgültige Größe erreicht haben, klettern sie im Sommer an einem Schilfhalm aus dem Wasser. Sie krallen sich an dem Halm fest. Dann reißt die Rückenhaut der Larve auf und nach mehreren Stunden kriecht die fertige Libelle aus der Larvenhaut. Die leeren Larvenhäute kannst du dann vorsichtig vom Halm lösen und in der Becherlupe betrachten.

Das kannst du beobachten:

✗ dreigeteilter Körper mit Kopf, Brust und Hinterleib

✗ sechs Beine sitzen an der Brust

✗ Kopf mit Augen, Fühlern und kräftigen Mundwerkzeugen

✗ auf dem Rücken sitzen zwei kleine Taschen, in denen die Flügel steckten

Forschungsaufgabe ⑤⓪ ☐

Schau dir die kräftigen Mundwerkzeuge an! Libellenlarven besitzen eine Fangmaske. Sobald sie ein Beutetier entdeckt haben, schnellt die Maske blitzschnell nach vorne und packt das Opfer.

Schneckenhäuschen

Wenn du ein leeres Schneckenhäuschen findest, musst du es dir unbedingt genauer betrachten: Das Schneckenhäuschen war einmal ganz klein, als die Schnecke aus ihrem Ei geschlüpft ist. Dann wurde sie immer größer und größer. Beim Wachsen hat sich das Gehäuse nicht in die Länge gestreckt, sondern hat sich spiralig um sich selbst gewunden. Bei der kleinen Spitze in der Mitte des Gehäuses hat das Wachstum einst begonnen. Du erkennst außen an der Schale auch die Zuwachsstreifen. Sie zeigen dir, dass die Schnecke dort nach und nach immer mehr Kalkmaterial angebaut hat und das Gehäuse größer wurde. Wenn du in die Mündung hineinschaust, siehst du in der Mitte auch die Spirale, die wie eine Wendeltreppe ins Innere des Gehäuses zieht.

Welche Schneckenart in einem Häuschen gewohnt hat, kannst du mithilfe des Häuschens herausfinden. Jede Art baut nämlich ein ganz typisches Haus, das sich in der Form, Färbung und Musterung unterscheidet. Turmschnecken zum Beispiel sind langgestreckt, während Weinberg- und Bänderschnecken eher rundliche Gehäuse bauen. Auf dem Gehäuse der Schnirkelschnecken ziehen sich ein oder mehrere dunkle Streifen entlang.

Übrigens: Lege eine Schneckenhäuschen-Sammlung an. So viele verschiedene Schnecken leben bei uns.

Diese Schneckenhäuschen habe ich schon in der Becherlupe beobachtet:

_____

Diese Schneckenhäuschen will ich noch beobachten:

_____

Das kannst du beobachten:

✗ spiralig gewundene Schale
✗ Spitze, das innerste Ende der Schale
✗ Mündung, so nennen Biologen die große Öffnung

Forschungsaufgabe ⑤①

Lass dir von deinen Eltern ein Schneckenhäuschen öffnen. Nun erkennst du noch besser, wie sich das Schneckenhäuschen wie eine Spirale windet.

Blässhuhn

Amsel

Kohlmeise

Sperling

Buchfink

Vogeleischale

Im Frühling und Sommer kommen bei den Amseln und anderen Singvögeln die Küken auf die Welt. Wenn sie im Nest aus dem Ei geschlüpft sind, schnappen die Eltern die Eischalenreste und werfen sie außerhalb des Nests auf den Boden. Dann kannst du im Park und Garten oder auf dem Gehweg häufig die türkisbläulichen Schalen der Amseleier finden.

Findest du draußen keine Eischalen, dann schaust du dir einfach ein Stück von einer Hühnereischale an, wenn du das nächste Mal ein Ei schälst.

Die Eischalen bestehen aus Kalk und sind innen mit einer dünnen schützenden Haut ausgekleidet. Damit die Küken, die sich darin entwickeln, gut mit Sauerstoff versorgt sind, sind die Eischalen luftdurchlässig.

Wichtig! Wenn an einer Eierschale Blut anhaftet, fasse sie nicht an und lasse sie liegen. Dann ist das Küken nicht von allein aus dem Ei geschlüpft, sondern wurde von einem Eichhörnchen, Igel oder anderem Nesträuber erbeutet. Blutige Dinge darfst du auf keinen Fall anfassen!

Das kannst du beobachten:
X weiß oder bunt gemusterte Eischale
X innen mit einem Häutchen ausgekleidet

Forschungsaufgabe 52

Finde heraus, von welcher Vogelart das Ei stammt, das du dir in der Becherlupe anschaust. In vielen Naturführern über Vögel sind auch die Eischalen abgebildet.

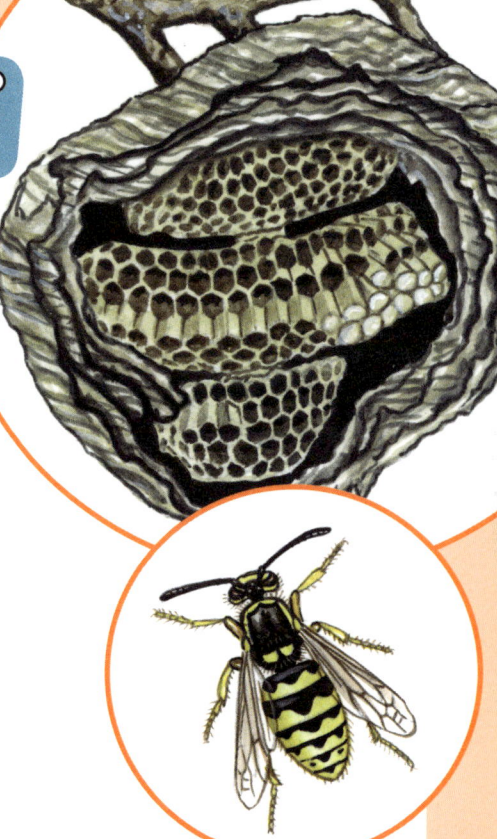

Mit der schwarz-gelben Farbe warnen Wespen alle anderen Lebewesen davor, dass sie stechen können. Deshalb hältst du dich am besten von diesen wehrhaften Insekten fern.

Wespen leben aber in einem Staat. Sie raspeln morsches Holz ab, zerkauen es und bauen aus diesem Papier kugelige Nester, in denen es viele Waben für die Larven gibt. Da alle Wespen außer den befruchteten Wespenköniginnen in den ersten frostig kalten Winternächten absterben, kannst du im Winter die verlassenen Wespennester abnehmen. Schau dir das Wespennest mit der Lupe an. Erkennst du die Zellen, in denen die Wespenlarven aus dem Ei geschlüpft und herangewachsen sind?

Bei uns gibt es rund 90 verschiedene Arten von Faltenwespen. Zu ihnen gehören die häufigen Gemeinen und Deutschen Wespen, die besonders im Spätsommer bei Tisch lästig werden.

Spannende Info: Während die Larven mit erbeuteten Krabbeltieren und anderem tierischen Eiweiß gefüttert werden, ernähren sich die erwachsenen Wespen von reifem Fallobst oder süßen Lebensmitteln. Schneidet also eine Wespe kleine Stückchen aus dem Schinken, so bringt sie diese zu den Larven. Nascht eine Wespe an Marmelade oder Limo, ist sie selbst hungrig.

Forschungsaufgabe (53)

Die papierne Hülle des Nestes ist fein gestreift. Diese Streifen entstehen beim Bau. Die Wespe nimmt kleine Mengen feuchtes Holzmulm in die Mundwerkzeuge und klebt sie in dünnen Lagen an.

Das kannst du beobachten:
X kugeliges Papiernest
X viele Papierwaben

Würfelzucker

Ein Würfelzucker besteht aus vielen kleinen Zuckerkristallen, die in feuchtem Zustand zu kleinen Quadern gepresst wurden. In dem weißen Würfelzucker sind die Zuckerkristalle aus raffiniertem Kristallzucker, während braune Würfelzucker aus braunem Rüben- oder Rohrzucker bestehen. Manchmal wird der Zucker auch nicht zu Würfeln gepresst, sondern zu Herzchen oder anderen Formen.

Wenn du genau hinschaust, entdeckst du, dass der Würfelzucker gar keine Würfelform hat. Lege zum Vergleich einen Würfel aus deiner Spielsammlung daneben: Der Würfelzucker ist flacher als er eigentlich sein dürfte, um einen Würfel mit gleich langen Seiten zu bilden. Tatsächlich sind die „Würfel" im Würfelzucker Quader, so wie es beispielsweise Ziegelsteine sind.

Schau dir in der Becherlupe auch andere Formen von Zucker an: grober Rohrzucker, brauner Rohrohrzucker oder pulvriger Vollrohrzucker.

Das kannst du beobachten:

X körnige, glänzende Zuckerkristalle

Experiment 54

Gib zwei Tropfen bunte Limo auf den Würfelzucker. Was beobachtest du in deiner Becherlupe?

Dort, wo der Zucker feucht geworden ist, löst er sich auf.

Zahn

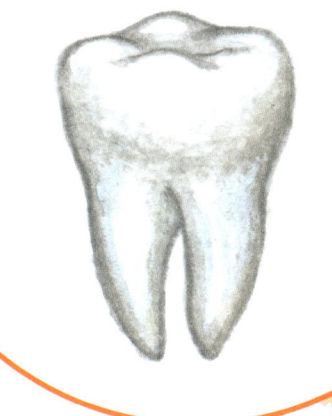

Hast du schon einen Zahn verloren? Dann schaue ihn dir doch in der Becherlupe an. Die ersten Zähne, die den Menschen wachsen, sind die Milchzähne. Das Milchgebiss besteht bei uns aus 20 Zähnen – zehn oben und zehn unten. Im Ober- und Unterkiefer sitzen jeweils vorne vier Schneidezähne, rechts und links davon je ein Eckzahn und dahinter auf beiden Seiten je zwei Backenzähne.

Beim Zahnwechsel lösen sich nacheinander die kleinen Wurzeln der Milchzähne auf und die Zähne fallen aus. Dann rücken nacheinander die bleibenden Zähne nach. Zum Erwachsenengebiss des Menschen gehören 32 Zähne, denn zusätzlich zu den Zähnen des Milchgebisses kommen auf jeder Kiefernseite oben und unten noch je drei weitere Backenzähne hinzu.

Auch Hunde, Katzen, Füchse, Rinder, Pferde und andere Säugetiere bekommen erst Milchzähne, nach dem Zahnwechsel kommen dann die bleibenden Zähne. Zähne bestehen aus Dentin, einem Knochenmaterial, das von Zahnschmelz umhüllt ist. Zahnschmelz ist die härteste Substanz im Körper.

Diese Zähne habe ich schon in der Becherlupe beobachtet:

_____

Diese Zähne will ich noch beobachten:

_____

Das kannst du beobachten:

✗ Zahnkrone
✗ Zahnhöhle (Pulpa)

Forschungsaufgabe (55)

Frag deine Eltern oder Großeltern, ob sie ihre Weisheitszähne aufgehoben haben. Dann schaue dir diesen Erwachsenenzahn in der Becherlupe an. Erkennst du die Zahnkrone und die mächtige Wurzel, mit der der Zahn im Kieferknochen verankert war? Lege einen Milchzahn von dir dazu. Erkennst du, dass dieser gar keine Wurzel mehr besitzt?

Noch mehr für die Becherlupe

Nun bist du beim Buchstaben Z angelangt, aber deine Becherlupen-Erkundungstour ist noch lange nicht zu Ende. Denn es gibt noch so viele Sachen und Objekte, die du in der Becherlupe vergrößert anschauen kannst.

Dazu gehören noch viele Funde aus der **Natur** wie ...

Kieselsteine

Algenblätter vom Strand

Eigelege von Wasserschnecken

Weidekätzchen

Sand

Erde

... Sachen aus der **Küche** wie ...

Käsewürfel

Oliven

Schokoladenstück

Keks

... Sachen aus deinem **Kinderzimmer** wie ...

Kleine Spielfiguren

Plastiktierchen

Ringe und andere Schmuckstücke

Radiergummi

Spitzerreste vom Buntstift

... und auch noch dieses ....

_____

_____

_____

Passend zum Buch:

**Expedition Natur:
Becherlupe „Original"**

Artikel-Nr.: 8020

Bärbel Oftring
Das Becherlupen-Forscherbuch
978-3-89777-577-0
€ 9,95 (D), € 10,30 (A)

Bärbel Oftring
Das Outdoor-Survivalbuch
978-3-89777-618-0
€ 12,95 (D), € 13,40 (A)

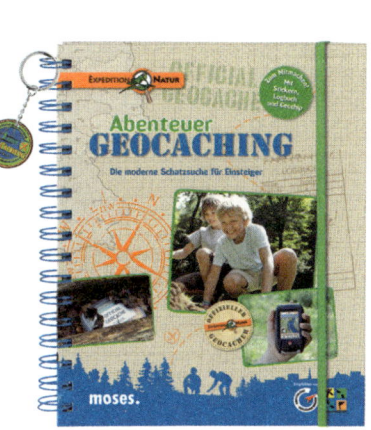

Ramona Jakob
Abenteuer Geocaching
978-3-89777-647-0
€ 12,95 (D), € 13,40 (A)